Reiner Enkelmann
Dieter Ruoff
Wolfgang Wohnhas

Der Albtrauf

Reiner Enkelmann
Dieter Ruoff
Wolfgang Wohnhas

Der Albtrauf

Natur und Kultur zwischen Ries und Randen

Silberburg-Verlag

Reiner Enkelmann, 1944 in Stuttgart geboren, wohnt auf den Fildern mit Blick auf die »blaue Mauer«. Er war lange Jahre Leiter einer Realschule. Der begeisterte Hobbyfotograf ist Autor zahlreicher Medien für den Geografieunterricht. Im Ruhestand ist er Volunteer am Naturschutzzentrum Schopflocher Alb.

Dieter Ruoff, 1949 in Kirchheim unter Teck geboren, ist gelernter Bankkaufmann. Durch sein Elternhaus wurde die Begeisterung für die Schwäbische Alb und die Naturfotografie nachhaltig geprägt. Der Hobbyfotograf ist heute Volunteer am Naturschutzzentrum Schopflocher Alb. Seine Aufnahmen erscheinen in verschiedenen Wanderbroschüren und in der örtlichen Presse.

Dr. Wolfgang Wohnhas, 1952 in Stuttgart geboren, hat in Tübingen Biologie studiert. Von 1986 bis 1995 war er als Ökologischer Berater im amtlichen Naturschutz tätig, seit 1996 ist er Leiter des Naturschutzzentrums Schopflocher Alb. Er wohnt mit seiner Familie auf der Schwäbischen Alb.

Vorderes Vorsatzpapier: Blick auf den Ipf bei Bopfingen
Seite 2/3: Gelber Fels am Teckberg
Seite 4: Hangwälder im Tobeltal bei Oberlenningen

1. Auflage 2010

Umschlaggestaltung:
Christoph Wöhler, Tübingen,
unter Verwendung von
Fotografien der Autoren.
Druck: Grammlich, Pliezhausen
Printed in Germany.

ISBN 978-3-87407-892-4

Besuchen Sie uns im Internet
und entdecken Sie die Vielfalt
unseres Verlagsprogramms:
www.silberburg.de

Inhalt

Vorwort

Wie ein »quer durchs Land gebautes Riff« – so beschreibt es Peter Härtling – zieht sich der Albtrauf als Nordrand der Schwäbischen Alb über 220 Kilometer vom Nördlinger Ries bis zum Randen am Hochrhein quer durch unser Land. Auch wenn der nordöstlichste Teil nach Bayern hineinreicht und im äußersten Südwesten die Schweiz im Randen einen Teil für sich beansprucht, so liegt doch der überwiegende Teil in Baden-Württemberg.

Geologisch gesehen ist der Albtrauf das Dach unseres Südwestdeutschen Schichtstufenlandes, das von dort nach Südosten hin sanft zur Donau abfällt. Entsprechend unterschiedlich ist die Höhe des Albtraufs. Liegt sie im Nordosten bei ungefähr 700 Metern über Normalnull (NN), so steigt sie im Bereich der Südwestalb auf über 1000 Meter an. Was aus der Ferne wie eine geschlossene – je nach Jahres- und Tageszeit – blaue oder grüne Mauer aus dem Vorland aufsteigt, löst sich beim Näherkommen in zahlreiche Zeugenberge, Sporne und tief eingeschnittene, steilwandige Täler auf. Charakteristisch für den Albtrauf sind die zahlreichen weiß leuchtenden Felskränze aus Riffkalken, die bis weit ins Albvorland hinein zu erkennen sind.

Egal auf welche Weise und auf welchen Wegen der Besucher den Albtrauf durchstreift, er wird dabei mit Erstaunen und Freude feststellen, wie vielgestaltig und abwechslungsreich er ist.

Der Albtrauf weist nur wenige typische Berggipfel auf, vielmehr befinden sich die höchsten Erhebungen meist direkt entlang der Kante. Das bedeutet, dass sich der Trauf dem Besucher oft wie eine große Aussichtsterrasse präsentiert.

Eine weitere Besonderheit des Albtraufs sind seine vielfältigen Karsterscheinungen, die man fast überall erkunden kann. Die bekanntesten sind die Trockentäler, Dolinen, Höhlen und am Fuß des Albtraufs die mächtigen Karstquellen, in denen das auf der Albhochfläche so schnell versickernde Wasser wieder zu Tage tritt.

Eine absolute Sonderstellung nimmt der Ries-Krater ein, entstanden durch einen Meteoriten. Der hinterließ neben dem gewaltigen Krater unter anderem einen zerrütteten und in Bruchschollen zerlegten Albtrauf.

Nicht weniger spektakulär sind die Auswirkungen des »Schwäbischen Vulkans«, denen man gerade am Trauf der Mittleren Alb in Form von Maaren und Zeugenbergen begegnet. Auch das einzige Hochmoor der Alb verdankt ihm seine Entstehung.

Berühmt geworden ist die Alb vor allem durch ihren Reichtum an Fossilien. Besonders am Fuß der Alb, aber auch am Albtrauf selbst, kann man diese Stein gewordene Zeugen des Jurameeres finden.

Höllenlöcher und Bergrutsche sind lebendige Zeugnisse für das Zurückweichen des Albtraufs.

Auch die Pflanzenwelt wird den Besucher des Albtraufs immer wieder begeistern. Man denke nur an das wechselnde Farbspiel der Laubwälder im Wandel der Jahreszeiten oder an die von der Weidewirtschaft geprägten Pflanzengesellschaften der Kalkmagerwiesen und Wacholderheiden. Auch Streuobstwiesen und Weinberge sind traditionelle Kulturlandschaften am Fuß des Albtraufs, die gerne besucht werden. Sie alle sind auf die Pflege durch den Menschen angewiesen.

Aber auch in kulturgeschichtlicher Hinsicht hat der Albtrauf einiges zu bieten. Da sind zum Beispiel die archäologischen Denkmäler aus der Keltenzeit zu nennen, die Burgen und Schlösser, die als Machtsymbole ihrer ehemaligen Herren den Albtrauf bis heute mitprägen. Nicht vergessen seien die vielen Kapellen und Kirchen, die Stauferstädte an den Traufbuchten sowie die Zeugnisse alter Industriekultur.

Keine kulturgeschichtliche, dafür aber wirtschaftliche Bedeutung haben die Steinbruchbetriebe, die mehr oder weniger gut versteckt am Albtrauf liegen und das Juragestein einer vielseitigen industriellen Verwendung zuführen. Von überregionaler Bedeutung ist das Pumpspeicherkraftwerk Glems, das neben dem Quellwasser am Fuß der Alb vor allem das Gefälle des Albtraufs nutzt, um elektrische Energie zu erzeugen.

Das Buch möchte die Leserinnen und Leser auf einen landeskundlichen Streifzug entlang des gesamten Albtraufs mitnehmen. Die Bilder und Erläuterungen sollen Lust und Neugier auf die abwechslungsreiche Natur- und Kulturlandschaft entlang des Albtraufs wecken. Es möchte außerdem dazu anregen, den Albtrauf immer wieder und zu allen Jahreszeiten aufzusuchen, um dabei zu erleben, was diese einzigartige Landschaft für unsere Sinne bereithält.

Natürlich erhebt das Buch nicht den Anspruch, alle Besonderheiten entlang des Albtraufs vorstellen zu wollen. Das würde den Rahmen sprengen. Vielmehr erfolgte die Auswahl der vorgestellten Beispiele unter subjektiven Gesichtspunkten der Verfasser. Deshalb werden die Leserinnen und Leser vielleicht den einen oder anderen vertrauten Ort vermissen. Dafür – und da sind sich die Autoren des Buches sicher – werden sie auch manches Neue entdecken und erfahren. Mögen alle, die das Buch zur Hand nehmen und darin stöbern, zu echten (Alb-)Traufgängern werden, so wie sie das heute schon auf dem neuen Albtraufgängerweg im Raum Bad Boll sein können.

Wir folgen in unserem Buch der klassischen Gliederung der Schwäbischen Alb in drei große Abschnitte, nämlich in die Ostalb, die Mittlere Alb und die Südwestalb, wobei wir immer das betreffende Albvorland mit einbeziehen, da es in enger Beziehung zum jeweiligen Albtrauf steht. Diese Großräume untergliedern wir in weitere kleinere Natur- und Kulturräume, deren Einteilung sich entweder an traditionellen Landschaftsbezeichnungen oder an Tälern oder Städtenamen orientiert.

Des »Teufels Hirnschale«, Felder auf der rauen Alb

Weisser Jura, Malm oder Oberer Jura

Welche Bezeichnungen gibt es für die Gesteinsschichten der Alb? Da wir uns bei unserem Streifzug entlang des Albtraufs auch mit seinen Gesteinen befassen werden, wollen wir den Leserinnen und Lesern ein wenig Orientierungshilfe geben, sowohl was die Namensgebung als auch die Abfolge der Gesteinsschichten der Alb betrifft. Ein schematisches Profil durch den Albtrauf soll dies veranschaulichen.

Die Jura-Gesteinsschichten wurden von dem Geologen Leopold Freiherr von Buch (1774–1853) von unten nach oben in drei Abschnitte untergliedert: Schwarzer, Brauner und Weißer Jura. Dabei waren die jeweils vorherrschenden Farben dieser drei Jura-Abschnitte namengebend. Die Bezeichnung Lias, Dogger und Malm dafür stammen aus England. 1995 wurden die drei Hauptabschnitte des Juragesteins in die heute international geltende Nomenklatur Unterer Jura, Mittlerer Jura und Oberer Jura umbenannt.

Friedrich August Quenstedt, über den wir später noch etwas mehr erfahren werden, gliederte die drei Jura-Abschnitte in jeweils sechs Unterabschnitte, die er mit den sechs Buchstaben des griechischen Alphabets (alpha, beta, gamma, delta, epsilon, zeta) versah.

Schematisches Profil durch den Albtrauf

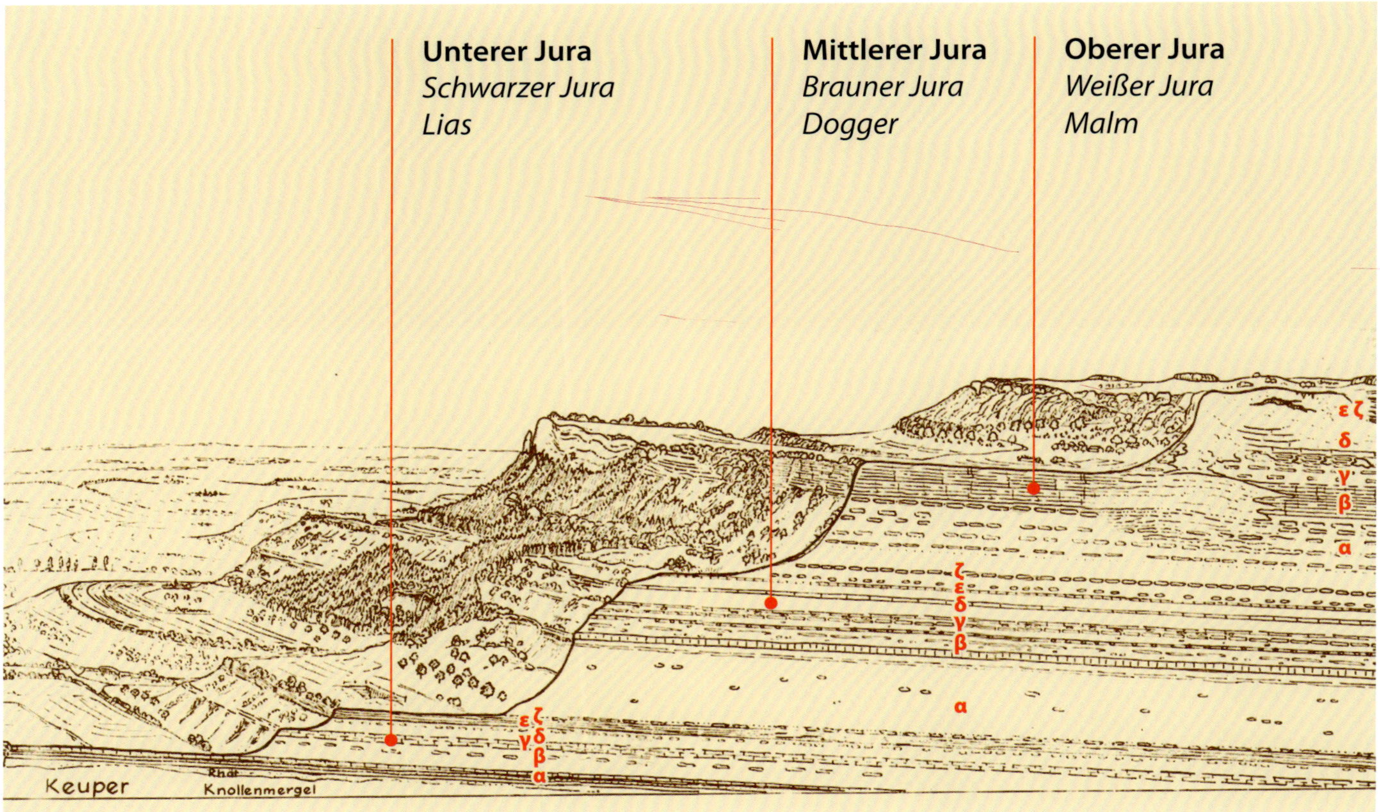

Ostalb

Die Ostalb umfasst den Bereich der Alb, der vom Ries und dem unteren Wörnitztal bis zum Fils- und Lonetal reicht. Er ist der am wenigsten herausgehobene Teil der Alb. Durch die geringere Höhe der Ostalb und durch die größere Entfernung zum Neckar ist die Abtragungskraft der Flüsse geringer. Deshalb ist vor allem der östliche Albtrauf nicht so stark aufgelöst und mit Felsen besetzt. Dies ändert sich jedoch je mehr man sich der Fils nähert.

Die Riesalb – Nahtstelle zwischen Fränkischer und Schwäbischer Alb

Beginnen wir unseren Streifzug im Nördlinger Ries. Der nahezu kreisrunde Krater des Nördlinger Rieses ist wegen seines Durchmessers von rund 25 Kilometern und aufgrund der stark vorangeschrittenen Verwitterung vor allem aus der Luft gut zu erkennen.

Das Ries bildet heute die natürliche Grenze zwischen der Fränkischen Alb im Osten und der Schwäbischen Alb im Westen. Auf dem Luftbild erkennt man hinter dem Ipf (Bildmitte) das Nördlinger Ries. Die fast waldlose überwiegend ackerbaulich genutzte Riesebene hebt sich deutlich vom bewaldeten

Blick nach Osten über den Ipf auf das Nördlinger Ries

etwa 150 Meter hohen Kraterrand im Südosten ab. Er bildet hier den Trauf der Fränkischen und der Schwäbischen Alb. Bei genauem Hinschauen erkennt man inmitten des Rieskessels die Altstadt von Nördlingen, die vom Kirchturm der Georgskirche, dem »Daniel«, überragt wird.

Das Ries – Ergebnis einer kosmischen Katastrophe

Wie muss man sich die Entstehung des Rieskraters heute vorstellen? Dazu lassen wir am besten eine der Informationstafeln am ausgeschilderten Wanderweg des Geoparks Ries zu Wort kommen. Dort wird das Ries-Ereignis wie folgt beschrieben: »Vor etwa 14,5 Millionen Jahren, zur Zeit des Tertiärs, schlug im Übergangsbereich der heutigen Schwäbischen und Fränkischen Alb ein rund ein Kilometer großer Meteorit ein und schuf einen 750 Meter tiefen und 25 Kilometer weiten Krater. Er durchschlug rund 600 Meter mächtige Ablagerungen aus der Jura- und Triaszeit und zertrümmerte das darunter liegende Grundgebirge bis in eine Tiefe von ca. sechs Kilometern. Gesteine wurden zerbrochen, umgewandelt, ausgeworfen, aufgeschmolzen oder sie verdampften. Fragmente unterschiedlichen Alters vom Staubkorn bis zu riesigen Gesteinsschollen bildeten die Bunten Trümmermassen (Bunte Brekzie und Schollen). Aus aufgeschmolzenen und miteinander verschweißten Fragmenten entstand Suevit. Nach dem Einschlag entwickelte sich im Krater ein abflussloser See, der über einen Zeitraum von rund zwei Millionen Jahren vollständig mit Ablagerungen aufgefüllt wurde. Erst seit der jüngeren Tertiärzeit machte die Abtragung die Hohlform wieder sichtbar.«

Soweit der Informationstext. Nicht unerwähnt bleiben soll in diesem Zusammenhang,

Schematische Darstellung des Ries-Ereignisses

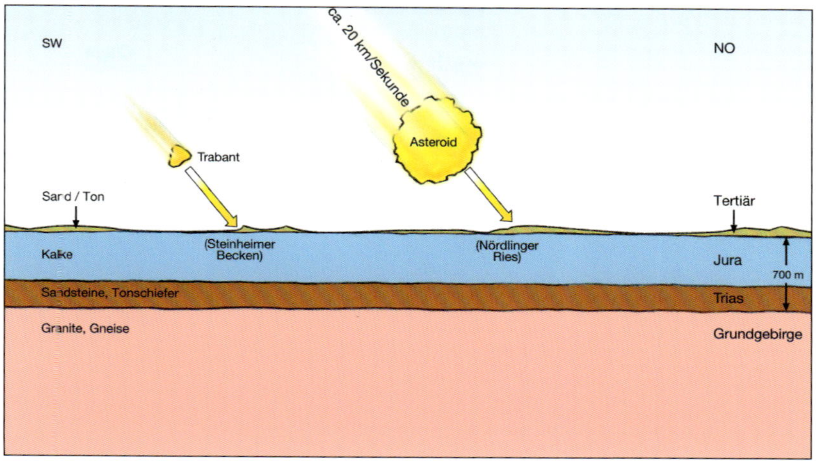

(1) 35 Millisekunden vor dem Einschlag

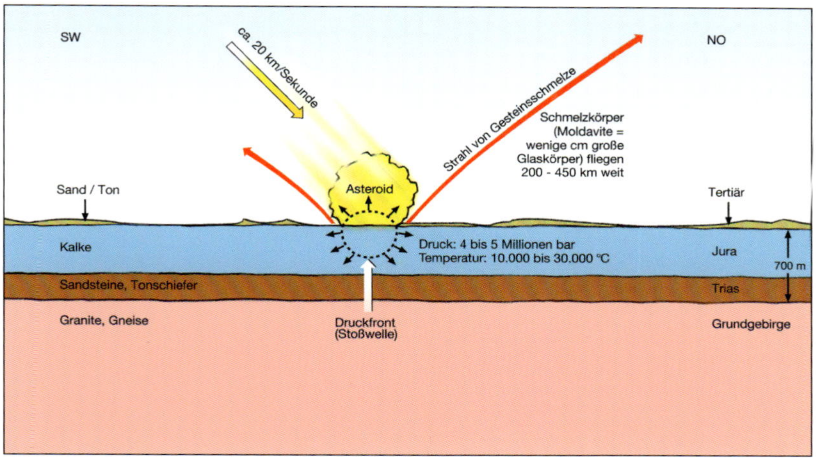

(2) 10 Millisekunden nach dem Einschlag

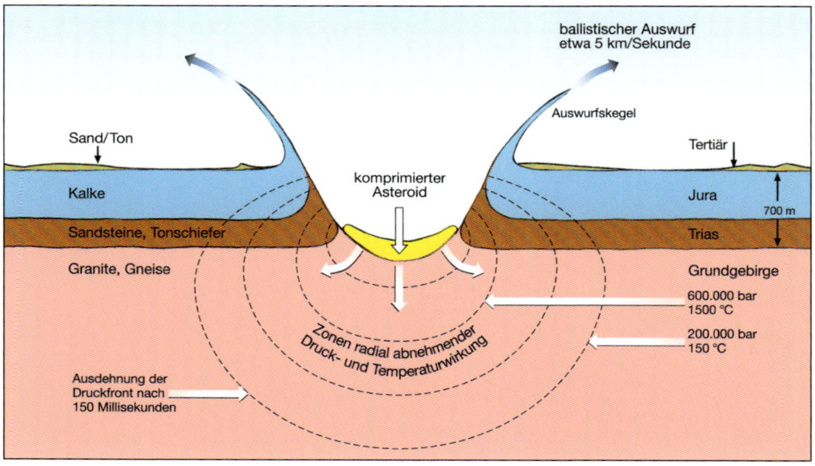

(3) Beginn der Kraterbildung nach 60 Millisekunden

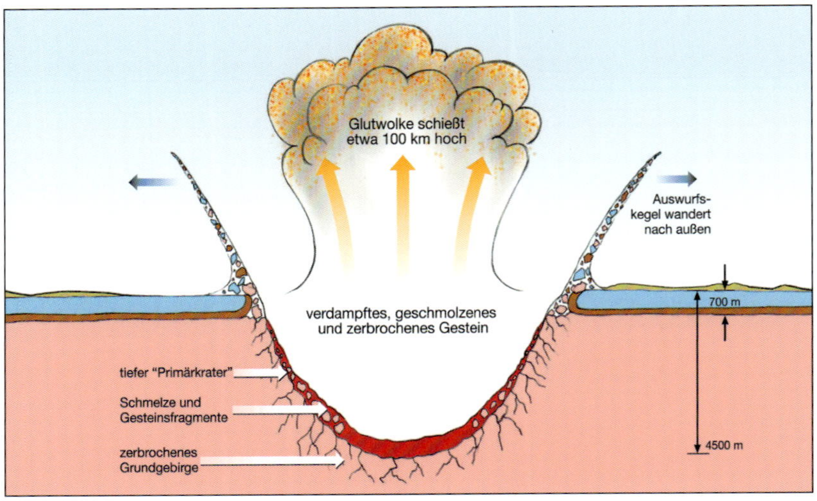

(4) Entstehung des tiefen »Primärkraters« nach etwa 60 Sekunden

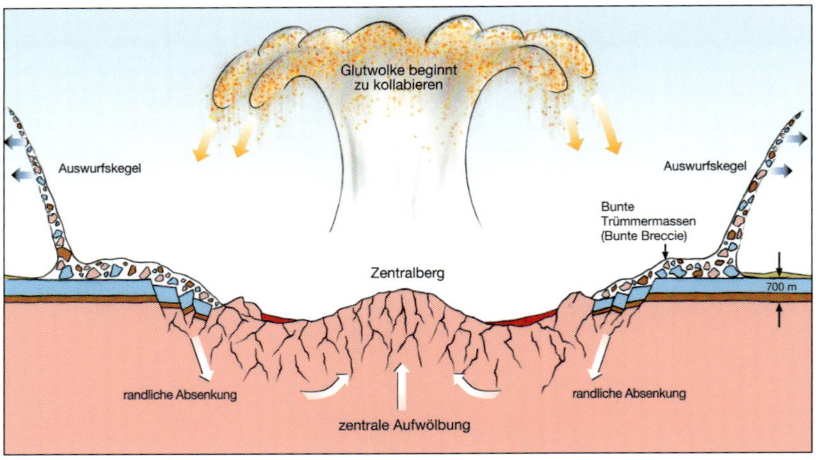

(5) Kollaps des Kraters und Ablagerungen der Auswurfsmassen nach 1 Minute

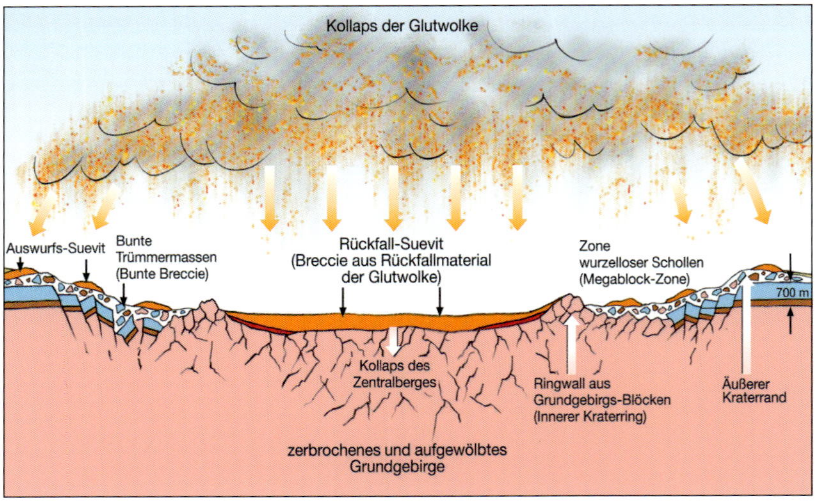

(6) Ende der Kraterbildung und Ablagerung des Suevits nach 10 Minuten

dass etwa 40 Kilometer südwestlich zur gleichen Zeit ein kleinerer Meteorit auf dem Albuch mit vergleichbaren Folgen einschlug und dort das Steinheimer Becken schuf. Wer sich weiter in die Thematik vertiefen möchte, dem sei ein Besuch im Rieskrater-Museum Nördlingen, Eugene-Shoemaker-Platz 1, Telefon (0 90 81) 2 73 82 20 empfohlen.

Auf den inzwischen weltberühmten »Schwabenstein«, den Suevit, soll hier jedoch noch etwas ausführlicher eingegangen werden. Kam ihm doch bei der Klärung der Entstehung des Nördlinger Rieses eine Schlüsselstellung zu. Der Suevit erscheint als graues bis graublaues tuffartiges Gestein. Seine feinkörnige Grundmasse besteht zu einem großen Teil aus zerriebenen und zerbrochenen kristallinen Gesteinen, aber auch aus Sedimenten.

Auffallend hoch ist der Anteil an natürlichem Glas, entstanden aus aufgeschmolzenem Kristallin. Es tritt auf dem Bild als schwarze bis braune Schmelzkörper, im Schwäbischen auch »Flädle« genannt, in Erscheinung. Dieses Glas ähnelt in seiner Konsistenz vulkanischen Auswurfprodukten. Dies führte dazu, dass Generationen von Geologen den Suevit für vulkanischen Tuff gehalten haben. Damit verbunden war die irrige Annahme, der Rieskrater sei vulkanischen Ursprungs.

Schließlich konnten Anfang der 1960er-Jahre die beiden amerikanischen NASA-Geologen Eugene Shoemaker und Edward Chao nachweisen, dass der Rieskrater durch einen Meteoriteneinschlag und nicht durch Vulkanismus entstanden sein musste. Sie fanden in einer Suevitprobe die Mineralien Coesit und Stishovit, die nur unter extrem hohem Druck entstehen, wie sie bei Meteoriteneinschlägen auftreten, nicht aber durch Vulkanismus. Suevit ist auch in vielen anderen Meteoritenkratern und selbst auf dem Mond gefunden worden. Da Suevit leicht zu bearbeiten ist, wurde es schon früh als gut isolierendes Baumaterial geschätzt. Zahlreiche historische Gebäude wie die Nördlinger Georgskirche sind aus diesem Gestein errichtet.

Links: Suevit mit schwarzen und braunen Schmelzkörpern, im Schwäbischen »Flädle« genannt. Rechts: Die mittelalterliche Harburg thront über dem gleichnamigen Städtchen an der Wörnitz.

Das Ries – eine geschichtsträchtige Landschaft

Über seine geologische Bedeutung hinaus ist das Ries eine geschichtsträchtige Landschaft. Die fruchtbaren Böden, die Ebene, die Bergrücken am Kraterrand, das milde Klima und die verkehrsgünstige Lage machten das Ries schon früh zu einem begehrten Siedlungsraum.

Harburg an der Wörnitz liegt im Übergangsbereich dreier Landschaften. Zum einen trennt das enge Durchbruchstal der Wörnitz durch das Juragebirge, das bei Harburg beginnt, die Schwäbische Alb im Westen von der Fränkischen Alb im Osten. Darüber hinaus grenzt die Stadt im Norden an das Ries. Die Wörnitz ist übrigens neben der Altmühl der einzige Fluss, der heute noch das Juragebirge in seiner ganzen Breite durchquert. Damit das möglich wurde, musste sie zuerst einen Teil der vom Riesmeteoriten ausgesprengten Gesteinstrümmer beseitigen, die das vorher schon vorhandene Tal plombiert hatten. Heute entwässert die Wörnitz gemeinsam mit zahlreichen Nebenflüssen das Ries zur Donau hin.

Die Harburg, eine mittelalterliche Stauferburg aus dem 12. Jahrhundert, steht auf einer gewaltigen Sprengscholle aus Oberem Jura, die beim Meteoriteneinschlag vom Ries hierher verfrachtet und später von der Wörnitz angeschnitten wurde.

Die Burganlage wurde von den Staufern wahrscheinlich zur Sicherung der Reichsstraße zwischen Donauwörth und Nördlingen angelegt. Sie kam 1299 zuerst als Pfandschaft an die Grafen von Oettingen, die als Gefolgsleute der Kaiser und Könige das staufische Erbe im Ries verwalteten. 1418 ging die Harburg schließlich in den Besitz der Oettinger über. Seit 1731 bis heute gehört sie dem Fürstenhaus Oettingen-Wallerstein. Im Laufe der Jahrhunderte entwickelte sich die Harburg durch zahlreiche Um- und Ausbauten zur heutigen imposanten Größe. Als eine der größten

Oben: Schafweiden und Felspartien prägen die Südseite des Riegelberges. Unten: Der Riegelberg, eine Kraterrandscholle aus Oberem Jura. Früher wurde hier Kalkstein abgebaut.

und besterhaltenen Burgen Süddeutschlands zieht sie jährlich zahlreiche Besucher an.

Zur selben Zeit wie die Harburg entstand im Schutze der Burg zwischen Wörnitz und dem Burgberg eingezwängt das gleichnamige Städtchen. Seine Geschichte ist eng mit der Harburg verflochten. Gemeinsam mit ihr ging sie in den Besitz der Oettinger über. 1806 trennten sich ihre Wege. Harburg kam zum Königreich Bayern während die Burg in Fürstenbesitz verblieb.

Eine barocke Steinbrücke führt vom linken Ufer der Wörnitz hinüber in die historische Altstadt, deren hübsche Fachwerk- und Renaissancehäuser heute noch an die fürstliche Vergangenheit erinnern. Bis 1958 quälte sich der Verkehr der »Romantischen Straße« durch die enge Altstadt. Heute fließt der Verkehr auf der B 25 in zwei Tunneln durch den Burgberg an Harburg vorbei.

Begeben wir uns als nächstes direkt ins Ries und wandern ein Stück weit auf dem »Schäferweg«, dem ersten Geopark-Ries-Wanderweg, zum Riegelberg.

Der Riegelberg bei Utzmemmingen ist einer der markantesten Höhenzüge am Übergang vom Ries zum Härtsfeld. Die knapp 1,75 Kilometer lange und 750 Meter breite Gesteinsscholle aus Oberem Jura gehört zu den mächtigen Gesteinsbrocken, die während des Meteoriteneinschlags vom Kraterrand abglitten und in den entstehenden Rieskrater hineinrutschten. Dabei wurde das Gestein stark zerrüttet und zerklüftet.

Trockenrasen prägen vor allem die Südseite des Riegelberges. Dort befinden sich im anstehenden Fels die beiden Ofnethöhlen (»Ofen« = zerklüfteter Fels). Sie sind Reste eines ehemals ausgedehnten Höhlensystems.

Berühmt wurden die beiden Höhlen vor allem durch die 1908 entdeckten Kopfbestattungen, 33 nach Westen ausgerichtete in eisenhaltige Tonerde gebettete Schädel aus der Mittelsteinzeit. Die beiden »Schädelnester« waren reichlich mit Schmuck aus durchbohrten Hirschzähnen und Meeresschneckenscha-

Die Ofnethöhlen am Riegelberg sind berühmt durch ihre Schädelfunde aus der Mittelsteinzeit.

len versehen, die auf eine kultische Bestattung schließen lassen. Nicht geklärt sind Ursache und Bedeutung der schweren Verletzungen, die alle Schädel aufweisen.

Unterhalb der Ofnethöhlen im Maienbachtal wurden die Reste eines römischen Gutshofes teilweise freigelegt. Diese Villa rustica gehört zu einem Netz von ungefähr 100 solcher Gutshöfe, die im Ries nachgewiesen wurden.

Neben dem Riegelberg fallen am Südrand des Rieses eine Kette weiterer Kraterrandschollen aus Oberem Jura auf, die parallel zum Kraterrand verlaufen und meist kratereinwärts verkippt sind.

Eine von ihnen trägt die Ruine der Stauferburg Niederhaus, einst die Stammburg der Edelherren von Hürnheim. Sie gehörten im Hochmittelalter neben den Grafen von Oettingen zu den bedeutendsten Adelsfamilien im Ries.

Man erreicht die Burgruine am besten von Hürnheim aus in südlicher Richtung auf dem Main-Donau-Wanderweg. Der 23 Meter hohe Bergfried und der ehemals dreigeschossige Palas sind die ältesten Relikte der Burg. Sie stammen aus dem 12. Jahrhundert und wurden damals schon aus Suevitgestein erbaut. Die Beschaffenheit dieses Gesteins lässt sich an den Buckelquadern gut studieren.

Ruine Niederhaus hoch über dem Kartäusertal. Einst war sie Stammburg der Edelherren von Hürnheim.

Nach dem Erlöschen des Geschlechts kam Niederhaus 1597 in den Besitz der Grafen von Oettingen, die sie 1709 an den Deutschen Orden verkauften. Bis zur Säkularisierung nutzte der Orden die im Dreißigjährigen Krieg teilweise zerstörte Burg als Amtsgebäude. 1805 schließlich ging Niederhaus in den Besitz des bayerischen Staates über, der sich auch um den Erhalt dieser immer noch imposanten Burgruine hoch über dem Kartäusertal kümmert. An der nördlichen Mauer des Burghofes erinnert eine mit dem Wappen des Adelsgeschlechts versehene Granittafel an Friedrich von Hürnheim, der zusammen mit dem letzten Staufer Konradin 1268 auf dem Marktplatz von Neapel hingerichtet wurde.

Auch wenn Nördlingen zugegebenermaßen einige Kilometer vom Albtrauf entfernt liegt, soll der ehemaligen Freien Reichstadt im südwestlichen Bereich des Rieses ein Besuch abgestattet werden. Gehört sie doch zu den wenigen Städten in Deutschland, die ihr historisches Stadtbild bis heute erhalten konnten. Dank seiner handelsgeografischen Lage am Schnittpunkt verschiedener Fernstraßen entwickelte sich die Stauferstadt zu einem bedeutenden Handelszentrum.

Sein heutiges Aussehen, das von zahlreichen stattlichen Bürger- und Handelshäusern sowie von Kirchen und Klöstern geprägt wird, verdankt Nördlingen seiner wirtschaftlichen Blütezeit vom 14. bis 16. Jahrhundert. Die noch vollständig erhaltene Stadtmauer wurde bei der Stadterweiterung 1327 angelegt. Sie ist heute noch ohne Unterbrechung begehbar. Bei einem Rundgang, der ungefähr eine Stunde in Anspruch nimmt, passiert man insgesamt fünf Stadttore, elf Türme und eine Bastei.

Wahrzeichen der Stadt ist die spätgotische Georgskirche (erbaut 1427 bis 1505) mit dem 90 Meter hohen Kirchturm, im Volksmund »Daniel« genannt. Kirche und Turm sind aus Suevit erbaut, der aus dem Steinbruch Alte Bürg am südwestlichen Riesrand bei Utzmemmingen stammt. Von Anfang an hatte der »Daniel« auch die Funktion eines Wachturms, von dem rechtzeitig vor Feuersgefahr und feindlichen Überfällen gewarnt werden konnte. Es lohnt sich, diesen Turm zu besteigen und den einmaligen Rundblick über die Altstadt und das Ries zu genießen.

Nördlingen ist ein Anziehungspunkt für Touristen aus aller Welt. Sie kommen vor allem wegen der historischen Kulisse der Altstadt. Aber auch attraktive Museen locken zahlreiche Besucher an. Als Beispiele seien genannt: Das Rieskrater-Museum, das in anschaulicher Weise über die Entstehung des Rieses informiert, und das Stadtmuseum, das Einblicke in die bewegte Geschichte der Reichsstadt und in die Besiedelung des Rieses gibt. Die »Romantische Straße« führt mitten durch die Altstadt und die Schwäbische Albstraße endet hier in Nördlingen.

Oben: Die kreisrunde Altstadt von Nördlingen wird überragt vom »Daniel«, dem Turm der Georgskirche. Mitte: Blick vom »Daniel« auf das Rathaus und zahlreiche Bürger- und Handelshäuser. Unten: Das Rieskrater-Museum informiert über die Entstehung des Rieses.

Links: Bunte Ackerflora am Riesrand mit Kornblumen, Klatschmohn und Hundskamille. Rechts: Der einjährige Echte Frauenspiegel mit seinen radförmigen Blüten liebt stickstoffarme Kalkböden.

Schwerpunktthema: Leben zwischen Saat und Ernte

Wo sind die bunten Farbtupfer aus Kornraden und Klatschmohn auf unseren wogenden Getreidefeldern geblieben? Auf unseren Äckern macht sich grüne Monotonie breit.

Seit der Mensch Ackerbau betreibt, besteht eine Konkurrenz zwischen Kulturpflanzen und Wildkräutern. Viele dieser Arten stammen aus den Trockengebieten des Mittelmeerraumes oder aus den Halbwüsten des Vorderen Orients. Von dort kamen sie mit der Ausbreitung des Ackerbaus im Verlauf der vergangenen 5000 Jahre nach Mitteleuropa und fanden auf unseren Getreidefeldern eine neue Heimat. Da sie Begleiter unserer Kulturpflanzen sind, spricht man von »Ackerbegleitflora«.

Als so genannte Unkräuter führen sie zu erheblichen Ernteeinbußen und sind daher in der Ackerflur unerwünscht. Trotzdem erfüllen sie wichtige Funktionen im Naturhaushalt und sind mit derzeit rund 220 in Baden-Württemberg vorkommenden Arten ein wichtiger Teil der biologischen Vielfalt unserer Kulturlandschaft. »Ein wildes Bienenvolk würde in unserer modernen Agrarlandschaft verhungern, denn es gibt hier nicht mehr genug pollen- und nektarspendende Blumen«, so die Aussage eines Bienenforschers.

Das Bild der vom Menschen geprägten Kulturlandschaft hat sich in den letzten Jahrzehnten stark gewandelt, dies gilt auch für unsere Ackerfluren, die immerhin 5 Prozent der gesamten Landesfläche ausmachen.

Schon immer versuchte der Landwirt, unliebsame Wildkräuter vom Acker zu verdrängen. Früher gelang dies trotz großem Arbeitsaufwand und mit Hilfe mechanischer Verfahren nur unzureichend. Ein Nebeneinander von Kultur- und Wildpflanzen war möglich.

Erst seit Anfang des 20. Jahrhunderts führte die ständig voranschreitende Intensivierung im Ackerbau zu einem drastischen Rückgang der Ackerbegleitflora. Durch den Einsatz von Herbiziden und großer Mengen an Mineraldünger, die sehr dichte Getreideaussaaten zulassen, wurde den Unkräutern das Wachsen unmöglich gemacht. Derzeit sind in Baden-Württemberg fast 50 Prozent der Ackerwildkräuter in ihrem Bestand gefährdet. Landesweite Untersuchungen haben gezeigt, dass Ostalb und Riesrand zu den wenigen Regionen gehören, die auch heute noch eine regionaltypische und artenreiche Ackerbegleitflora aufweisen. Auf den hier anstehenden Kalkverwitterungsböden gibt es darüber hinaus Restvorkommen seltener und hochgradig gefährdeter Ackerwildkrautarten.

Um den Wildkräutern eine Überlebenschance zu geben, hat man am Riegelberg bei Utzmemmingen gezielt karge und steinige Äcker, die von Landwirten naturschonend mit wenig Düngung und ohne Herbizideinsatz bewirtschaftet werden, in das Naturschutzgebiet mit einbezogen. Deshalb können hier in den buntblühenden Getreidefeldern noch Raritäten, wie Möhren-Haftdolde, Spatzenzunge, Finkensame, Echter Venuskamm und Sommer-Adonisröschen bewundert werden.

Neben den Ackerrandstreifen haben auch Feldflora-Reservate das Ziel, gefährdete Ackerwildkräuter zu erhalten. Hier werden durch althergebrachte Bewirtschaftungsformen, wie Dreifelderwirtschaft und Brache, neben den alten Kulturpflanzen auch Ackerwildkräuter gefördert. Das erste Reservat dieser Art in der Bundesrepublik wurde 1970 eingerichtet und befindet sich auf dem Beutenlay bei Münsingen auf der Schwäbischen Alb. Es ist, wie die Ackerflächen am Riesrand, ein farbenprächtiges Zeugnis der Ackerlandschaft früherer Zeiten und darüber hinaus ein lohnendes Ausflugsziel.

Links oben: Der Runde Lauch, hier in einem Gerstenfeld, gehört zu den stark gefährdeten Laucharten.
Rechts oben: Ackerrittersporn und Kornblume tauchen wieder auf, wenn man Ackerrandstreifen nicht mit Herbiziden behandelt.
Links unten: Weizenfeld mit Begleitflora am Riegelberg mit Blick zum Ipf
Rechts unten: Blühender Klatschmohn mit noch geschlossenen nickenden Blüten und Samenkapseln.

Am Nordrand des Härtsfeldes

Der Nordrand des Härtsfeldes erstreckt sich von Bopfingen bis zum oberen Kochertal. In seinem östlichen Bereich ist er noch vom Einschlag des Riesmeteoriten geprägt. Hier beginnt aber auch mit dem Ipf die Reihe der dem gesamten Albtrauf vorgelagerten Zeugenberge. Unübersehbar sind auch die vielfältigen Zeugnisse unserer Kulturgeschichte in diesem Raum. Sie reichen von den Kelten über die Römer und Staufer bis zu den Ursprüngen der Industrialisierung.

Bopfinger Heideberge und ihre Geschichte

Kommt man aus dem Ries, so bildet das Tal der Eger mit dem Ipf (Bildhintergrund) auf der nördlichen und dem Schloßberg mit der Ruine Flochberg auf der südlichen Talseite die Pforte zum Härtsfeld. Vom felsigen Gipfel des

Blick vom Beiberg auf den Schlossberg mit Ruine Flochberg. Im Hintergrund der Ipf

Blick von Norden auf den Ipf, den östlichsten Zeugenberg der Alb

Beibergs (Bildvordergrund) hat man diesen herrlichen Blick auf die beiden Hausberge von Bopfingen. Naturräumlich gehören alle drei Berge zu den Härtsfeld-Randhöhen.

Beiberg und Schloßberg sind riesige beim Meteoriteneinschlag im Ries herausgesprengte Oberjuraschollen, die hierher verfrachtet wurden. Das Gestein wurde dabei zertrümmert und anschließend wieder verkittet. Solche spröden Felsmassen werden in der Geologie als Griesfelsen bezeichnet. Auf dem Bild ist die Beschaffenheit des Gries gut zu erkennen.

Wegen ihrer ausgedehnten Trockenrasenvegetation werden alle drei Berge auf dem Bild als Heideberge bezeichnet. Um diese artenreichen Lebensräume zu erhalten und zu fördern stehen sie unter Naturschutz. Jedoch sind Pflegemaßnahmen und regelmäßiges Beweiden durch Schafe notwendig, um der zu beobachtenden Verbuschung entgegenzuwirken.

Die Burg Flochberg, heute eine imposante Ruine, wurde im Mittelalter von den Staufern zur Sicherung einer der wichtigsten Reichsstraßen Süddeutschlands zwischen den Messestädten Straßburg und Nördlingen erbaut. Nach dem Untergang der Staufer wurde die Burg bei den Kämpfen zwischen Ludwig dem Bayern und Friedrich von Österreich zerstört. 1330 erhielten die Grafen von Oettingen von König Ludwig die Burgruine und den Burgberg als Lehen, um die Burg wieder aufzubauen. Im Dreißigjährigen Krieg zerstörten die Schweden die Burg erneut. Danach wurde sie nicht mehr aufgebaut und diente lange Zeit als Steinbruch.

Graben- und Wallsysteme am Ipf sind Relikte der Befestigungsanlagen eines frühkeltischen Fürstensitzes.

1722 gründeten die Grafen von Oettingen am Fuß des Burgbergs die Siedlung Schloßberg und boten heimatlosen umherziehenden Menschen die Möglichkeit, sich hier niederzulassen. Eigens für sie errichtete man die kleinen »Gnadenhäuschen«, die heute noch im Ortsbild zu entdecken sind. Diese Siedler verdienten ihren Lebensunterhalt vor allem mit Hausierhandel und Heimarbeit. 1806 fiel Schloßberg im Zuge der Mediatisierung der Fürsten zuerst an das Königreich Bayern. Bereits vier Jahre später kam es an Württemberg. Heute ist Schloßberg ein Stadtteil von Bopfingen.

Egal aus welcher Richtung man sich Bopfingen nähert, immer fällt einem der 668 Meter hohe fast kahle Kegelstumpf des Ipfs ins Auge. Generationen von Schülern in Baden-Württemberg ist die markante Bergform des Ipfs vertraut. Dient er doch häufig im Geografieunterricht als ideales Anschauungsmaterial bei der Einführung von Höhenlinien, dem wichtigsten Element der Höhendarstellung in topografischen Karten.

Im Gegensatz zum Schloßberg und Beiberg, die im Bildhintergrund rechts vor dem bewaldeten Albtrauf des Härtsfeldes zu erkennen sind, hängt die Entstehung des Ipfs ausnahmsweise nicht mit dem Meteoriteneinschlag im Ries zusammen. Auch hat sie – trotz der Form – nichts mit Vulkanismus zu tun. Der isoliert stehende Ipf ist ein typischer Zeugenberg der Schwäbischen Alb, wie es viele vor dem Albtrauf gibt. Der Sockel des Berges besteht aus Mittlerem Jura, darüber liegen Mergel und Kalke des Oberen Juras, die man unterhalb des Gipfelplateaus sehen kann. Damit entspricht sein geologischer Aufbau exakt dem des zwei Kilometer südlich gelegenen Albtraufs des Härtsfeldes. So »bezeugt« der Ipf, dass die Schwäbische Alb früher mindestens bis zu ihm gereicht haben muss.

Zwei Vorgänge haben zur Entstehung dieses Zeugenbergs geführt: Zum einen haben die Eger und ihre Nebenflüsse durch Erosion im Laufe von Jahrmillionen den Ipf vom Albtrauf abgeschnürt. Zum andern liegt der Ipf im Bereich eines 40 bis 50 Meter tiefen tektonischen Grabens, dem so genannten Schwäbischen Lineament. Die harten Oberjurakalke des Ipfs waren durch die tiefere Lage länger vor der Abtragung geschützt als die höher liegende Schwäbische Alb.

Der Ipf ist nicht nur ein Naturschutzgebiet, das wegen seiner Heideflora und den seltenen Insektenarten von Naturliebhabern besonders geschätzt wird, sondern eines der bedeutendsten prähistorischen Bodendenkmäler Süddeutschlands. Auch der Laie erkennt auf dem Luftbild die ausgedehnten Graben- und Wallsysteme im Bereich des Gipfelplateaus und an der Ostflanke des Ipfs. Neuere archäologische Forschungen brachten den Beweis, dass es sich bei der Befestigungsanlage um einen frühkeltischen Fürstensitz handelt, der hier in strategisch günstiger Lage angelegt wurde – vergleichbar den keltischen Fürstensitzen auf der Heuneburg und dem Hohenasperg.

Kernstück der Anlage auf dem Ipf ist das Gipfelplateau, das durch einen Randwall samt Graben geschützt wurde. Weitere Graben- und Wallsysteme an der flacheren Ostflanke des Berges stellten eine zusätzliche Sicherung des Gipfelplateaus dar. An der Nordflanke erkennt man mehrere kleinere und größere Wälle, die hangabwärts verlaufen. Sie umschließen trichterförmige Vertiefungen im Hang, die auf dem Bild (Seite 23) teilweise erkennbar sind. Es handelt sich hierbei um Brunnenschächte im Bereich des wasserstauenden Quellhorizonts zwischen Mittlerem und Oberem Jura, die mit in die Befestigungsanlage des Fürstensitzes einbezogen wurden, um die Wasserversorgung zu sichern.

Die Kapfenburg – von der Stauferburg zur Musikakademie

Die ehemalige staufische Reichsburg Kapfenburg liegt wie so viele Burgen entlang des Albtraufs strategisch günstig auf einem Bergsporn am Nordrand des Härtsfeldes etwa 130 Meter über dem Städtchen Lauchheim im Jagsttal. Von hier konnte man hervorragend die vor dem Albtrauf verlaufende Handelsstraße vom Neckarland ins Ries kontrollieren. Heute folgen die B 29 und die Eisenbahnlinie (im Bildvordergrund links unten) etwa dem Verlauf dieser historischen Straße. Nicht von ungefähr kam die Burg zu ihrem Namen: »Kapfen« bedeutete früher so viel wie »Ausschau halten«.

Nach dem Untergang der Staufer übernahmen 1311 die Grafen von Oettingen die Kapfenburg und die dazugehörenden Ländereien. Bereits 1364 erwarb der Deutsche Orden die Burg und machte sie zum Verwaltungsmittelpunkt (Kommende) seiner Besitzungen auf dem Härtsfeld und im oberen Jagsttal. Unter den Komturen des Deutschen Ordens

Die Kapfenburg liegt strategisch günstig auf einem Bergsporn über dem Jagsttal.

Musikfestival der internationalen Musikakademie auf Schloss Kapfenburg

entfaltete sich eine rege Bautätigkeit auf der Kapfenburg. Sie wandelte sich zwischen dem 16. und 18. Jahrhundert von der einst wehrhaften Stauferburg zum repräsentativen Deutschordensschloss. Der bekannteste unter den Komturen der Kapfenburg war Johann Eustach von Westernach, der 1525 zum Hoch- und Deutschmeister aufstieg. Da die Kapfenburg nie zerstört wurde, lassen sich heute in der imposanten Schlossanlage alle Kulturepochen von der Gotik über Renaissance, Barock und Rokoko entdecken.

1806 hob Napoleon in der Rheinbundakte den Deutschen Orden auf und übergab die Kapfenburg an König Friedrich von Württemberg, der es zunächst zur Residenz für den Prinzen Paul machte. Anschließend war es Sitz der Kameralverwaltung und des Forstamtes. Dann diente es eine zeitlang Wirtschafts- und Wohnzwecken. Nach umfangreichen Sanierungsmaßnahmen durch das Land Baden-Württemberg beherbergt Schloss Kapfenburg heute eine internationale Musikschulakademie und Musik-Begegnungsstätte. Die Innenhöfe des Schlosses sind tagsüber frei zugänglich. Schlossführungen sind sonntags möglich (Informationen: Telefon (0 73 63) 9 61 80).

Aalen – Industriestadt in günstiger Lage

Aalen ist heute mit über 60 000 Einwohnern und mehr als 28 000 Arbeitsplätzen wirtschaftliches und kulturelles Zentrum der Region Ostwürttemberg. Darüber hinaus ist es Verwaltungsmittelpunkt des Ostalbkreises. Das Luftbild vermittelt einen Eindruck davon. Das obere Kochertal hat sich zu einer regelrechten Industriegasse entwickelt mit zahlreichen Gewerbegebieten und Industrieanlagen entlang der Verkehrswege, während sich die Wohngebiete inzwischen immer mehr an den Talflanken ausbreiten. Im Bildmittelpunkt (Seite 27) erkennt man – umgeben von zahlreichen modernen Verwaltungsgebäuden den dicht bebauten historischen Stadtkern von Aalen.

Die verkehrsgünstige Lage am Ausgang des Kocher-Brenz-Durchbruchstales ins Albvorland hat wesentlich zu seiner Entwicklung beigetragen. Diese Lagegunst erkannten auch schon die Römer, die hier auf einer Anhöhe von 120 bis 260 n. Chr. in unmittelbarer Nähe zum rätischen Limes ein großes Reiterkastell zur Sicherung ihrer Reichsgrenze unterhielten.

Die Gründung der Stadt Aalen im 13. Jahrhundert – vermutlich durch die Staufer – erfolgte ebenfalls unter strategischen Gesichtspunkten. Galt es doch die bereits erwähnte Handelsstraße von Straßburg nach Nördlingen zu sichern. 1360 erhob Kaiser Karl IV. Aalen zur Reichsstadt. Erst 1803 endete mit dem Übergang an Württemberg die Selbständigkeit der Stadt.

Ein weiterer wesentlicher Standortfaktor für die wirtschaftliche Entwicklung des Aalener Raumes waren die Eisenerzvorkommen in der dem Albtrauf vorgelagerten Stufe des Mittleren Juras beta. Auf dem Bild (Seite 27) kann man diese Geländestufe aus widerständigem Sandstein unterhalb des bewaldeten

Braunenbergs mit dem Sendemast des SWR erkennen. Hier befindet sich auch das historische Bergwerk »Tiefer Stollen«. Hinzu kamen Bohnerze, die damals auf der Hochfläche des Härtsfeldes und des Albuchs im Tagebau geschürft wurden.

Diese Eisenerzvorkommen und die Verfügbarkeit von Energie in Form von Holzkohle aus den zahlreichen Köhlereien der waldreichen Ostalb ließen das obere Kochertal – und hier vor allem Wasseralfingen (Bildhintergrund) – zum bedeutendsten Eisenproduktionsstandort im noch jungen Königreich Württemberg werden.

Als Aalen dank seiner verkehrsgünstigen Lage Mitte des 19. Jahrhunderts zum Eisenbahnknotenpunkt wurde, erlebte die Stadt einen wirtschaftlichen Aufschwung. Heute ist Aalen eine Industriestadt mit einem Schwerpunkt in der Metallverarbeitung, die ihre Wurzeln in den Eisenerzvorkommen der Region hat.

Aber auch kulturell hat Aalen einiges zu bieten. Neben einem Bummel durch die engen Gassen der Altstadt lohnt sich der Besuch vor allem des Limesmuseums, St.-Johann-Straße 5, und des Urweltmuseums, Reichsstädter Straße 1. Krönender Abschluss eines Tages in Aalen kann

Die Aalener Bucht aus Südwesten. Aalen ist wirtschaftliches und kulturelles Zentrum der Region Ostwürttemberg.

ein Bad in den 34 Grad warmen Fluten der Limes-Thermen hoch über der Stadt sein.

Das Besucherbergwerk »Tiefer Stollen« am Braunenberg oberhalb des Aalener Stadtteils Wasseralfingen ist ein herausragendes Geotop und Technikdenkmal im Bereich der Ostalb. Will man Näheres über den 1948 erloschenen Erzbergbau und die frühere Eisenverarbeitung erfahren, sollte man sich unbedingt einer der eineinhalbstündigen Führungen anschließen.

Ausgerüstet mit Helm und Schutzumhang fährt man mit der Grubenbahn durch das gemauerte Stollenmundloch in den »Tiefen Stollen« ein. Auf der 400 Meter langen Fahrt huschen an den Wänden und Decken herrliche Sinterfahnen und zahlreiche dünne Topfsteine an den Besuchern vorüber. Bei der Ankunft im Bahnhof »Unter Tage« empfängt die Besucher hohe Luftfeuchtigkeit und eine Bergwerkstemperatur von zwölf Grad.

Man ist erstaunt über die geräumigen Sandsteinhallen »vor Ort«. Sie wurden in den 30er- und 40er-Jahren des letzten Jahrhunderts angelegt, als die ehemaligen Betreiber des Bergwerks, die Schwäbischen Hüttenwerke Wasseralfingen (SHW), hier den Sandstein abbauten, um daraus Formsand für Gussformen und Bausteine zu gewinnen. Die Gussformen waren damals eine wichtige Grundlage für die Produktion des Hüttenwerks. Der Erzabbau war zu dieser Zeit im »Tiefen Stollen« schon beendet.

Die eigentliche Führung durch das Bergwerk beginnt mit einer Multivisionsschau über die Geschichte des Eisenerzbergbaus in der Region: Kaiser Karl IV. verlieh 1365 das Recht auf Abbau und Verarbeitung von Eisenerz im Bereich von Kocher und Brenz. In der Folge entwickelte sich dieses Gebiet zum Zentrum mittelalterlicher Eisenerzverarbeitung auf der Basis von Bohnerz und Stufenerz.

Bohnerz ist ein stark eisenhaltiges Verwitterungsprodukt des Oberen Juras (bis 47 Prozent Eisengehalt), das auf der Albhochfläche des Härtsfeldes und Albuchs in Gruben und Pingen abgebaut wurde. Das Stufenerz kommt dagegen in Form von Flözen im rund 50 Meter mächtigen Eisensandstein des Mittleren

Links: Der »Tiefe Stollen« in Aalen diente zur Förderung, Entwässerung und Frischluftzufuhr. Im Vordergrund ein Förder-Hunt. Rechts: Mit der Grubenbahn fahren die Besucher ins ehemalige Bergwerk ein.

Fußgängerzone in der Altstadt von Aalen mit Marktbrunnen und Altem Rathaus von 1634. Die Statue auf dem Brunnen zeigt Kaiser Josef I. Die gusseisernen Brunnenplatten wurden in Wasseralfingen gegossen.

Juras beta vor. Diese Flöze haben zum Teil einen Eisengehalt von mehr als 30 Prozent. Von den insgesamt acht Flözen am Braunenberg erwiesen sich nur zwei als abbauwürdig: das Untere Flöz mit einer durchschnittlichen Mächtigkeit von 1,70 Meter und das Obere Flöz mit durchschnittlich 1,40 Meter.

Erst Anfang des 17. Jahrhunderts wurden diese Eisenerzvorkommen am Braunenberg entdeckt. Anfangs erfolgte der Abbau in steinbruchartigen Gruben. Das Erz wurde zuerst nach Abtsgmünd gebracht, wo die Fürstpropstei Ellwangen ein Hammer- und Schmelzwerk betrieb. Nach dem Dreißigjährigen Krieg entstand 1671 in Wasseralfingen am Fuß des Braunenbergs der erste Hochofen. Damit konzentrierte sich der Abbau auf die Erzvorkommen am nahen Braunenberg, der nun ausschließlich im Untertagebau erfolgte. Im Zuge der Säkularisierung kam das Abbaugebiet um Wasseralfingen unter württembergische Verwaltung. Wasseralfingen entwickelte sich rasch zum bedeutendsten Eisenproduktionsstandort im jungen Königreich Württemberg.

Im Jahr 1840 begann man mit dem Bau des »Tiefen Stollens«. Zehn Jahre später war das Bergwerk so weit ausgebaut, dass die eigentliche Förderung beginnen konnte. Im gesamten Bergwerk hatte der »Tiefe Stollen« verschiedene Funktionen: Er diente zur Förderung des erzhaltigen Gesteins, zur Entwässerung und zur Frischluftzufuhr.

Im Anschluss an die Multivisionsschau schauen die Besucher unter sachkundiger Führung die Ausstellungen in den verschiedenen Sandsteinhallen an. Sie zeigen unter anderem historische Bergbaugeräte, Fördermittel und Grubenlampen sowie Produkte der Hüttenwerke. In einer der Sandsteinhallen wird seit 1989 die besonders reine Luft des Bergwerkes

Die SHW Casting Technologies GmbH ist eines der Nachfolgeunternehmen der ehemaligen Schwäbischen Hüttenwerke Wasseralfingen.

zur Asthmatherapie genutzt. Der Höhepunkt der Besichtigung ist natürlich der etwa 800 Meter lange Rundgang durch das Stollenlabyrinth des historischen Bergwerkes mit seinen Schächten zur Förderung und Bewetterung, den Förderstrecken, der Erzabbaukammer und einer Erzverladestelle im Unteren Flöz.

Nach der Rückkehr ans Tageslicht können die Besucher sicherlich ermessen, unter welch schwierigen Bedingungen damals Erz gebrochen und gefördert wurde, aber auch welch großes Engagement und welche Liebe zum Detail die Initiatoren seinerzeit aufgebracht haben als sie den »Tiefen Stollen« als Schaubergwerk reaktiviert haben.

Die SHW Casting Technologies GmbH in Wasseralfingen ist trotz ihres modernen Firmennamens ein traditionsreiches Unternehmen. Dies verrät schon der Blick auf das Firmenlogo mit der Bezeichnung Schwäbische Hüttenwerke (SHW), der Königskrone und dem Gründungsjahr 1365. Diese Jahreszahl bezieht sich auf die erste urkundliche Erwähnung von Eisenverhüttung im Brenztal. Daraus entwickelte sich im Bereich der Ostalb im Laufe der Jahrhunderte ein regelrechtes Zentrum der Eisenverarbeitung.

Als Betreiber der Hüttenwerke fungierten private Unternehmer, der Klerus, Angehörige der württembergischen Oberschicht und auch die Herzöge von Württemberg. Bereits 1557 kam es quasi zu einem ersten Branchenzusammenschluss als Herzog Christoph von Württemberg alle Hütten seines Herrschaftsgebietes zusammenfasste. Nach dem Reichsdeputationshauptschluss von 1803 gingen alle Hüttenwerke der Ostalb in den Besitz des Herzogs von Württemberg über. Mit der Krönung von Friedrich I. zum König erhielten sie den Namen »Königlich württembergische Hüttenwerke«. Dies erklärt die Königskrone im Logo des Betriebs.

Der Standort Wasseralfingen, der sich aus einem Hochofen der Fürstpropstei Ellwangen nahe der Eisenerzvorkommen am Braunenberg entwickelt hatte, wurde zur Hauptgießerei des Königreiches Württemberg ausgebaut. Im Jahr 1921 gründeten das Land Württemberg und die Gutehoffnungshütte Oberhausen die »Schwäbischen Hüttenwerke GmbH« mit Hauptsitz in Wasseralfingen. Seit dieser Zeit firmierte das Unternehmen unter dem Kürzel SHW. Die Stilllegung des letzten Hochofens in Wasseralfingen 1925 vollendete den Strukturwandel der SHW von der Eisenerzeugung hin zur Eisenverarbeitung.

Nach dem Zweiten Weltkrieg gerieten die SHW vor allem durch die Konkurrenz aus Übersee in wirtschaftliche Schwierigkeiten, der sie durch tiefgreifende Umstrukturierungsmaßnahmen zu begegnen suchte. Am Ende dieser Entwicklung standen zwei selbstständige Betriebe mit derselben Wurzel: Die SHW Casting Technologies GmbH, die sich zu einem global agierenden Gießereiunternehmen entwickelt hat (to cast: engl. gießen). Das zweite Unternehmen ist die SHW Automotive GmbH. Sie ist heute ein bedeutender Zulieferer der Automobilindustrie. Beide Firmen haben ihren Stammsitz nach wie vor am traditionellen Standort Wasseralfingen.

Nicht nur das Firmenlogo der SHW Casting Technologies verrät das Traditionsunternehmen, sondern auch die Fassade des alten Gießereigebäudes, die man 2006 in den Neubau der Gießerei integriert hat. Bei den blauen Behältern im Bildhintergrund handelt es sich um Silos für Formsand zur Herstellung von Gussformen.

Weltbekannt wurden die Königlichen Hüttenwerke in Wasseralfingen in der zweiten Hälfte des 19. Jahrhunderts mit ihren Erzeugnissen aus Gusseisen. So wurden sämtliche gusseiserne Bauteile der Stuttgarter Wilhelma, der Musikpavillon und die Brunnen auf dem Schlossplatz der Landeshauptstadt, unzählige Wegweiser, Grenz- und Ortsstöcke sowie Öfen in Wasseralfingen gegossen.

Gusseiserne Wegweiser waren eines der Produkte der Königlichen Hüttenwerke Wasseralfingen im 19. Jahrhundert.

Am Nordrand des Albuchs

Nach so viel Wirtschaftsgeografie verlassen wir die Aalener Bucht, folgen dem Albtrauf in westlicher Richtung und wenden uns dem Nordrand des Albuchs zu.

Der Albuch nimmt auf der Schwäbischen Alb eine Sonderstellung ein. Ist er doch innerhalb dieses Karstgebirges das Gebiet mit den meisten Feuchtgebieten und ausgedehntesten Fichtenwäldern, die nur von wenigen Rodungsinseln unterbrochen sind. Wie erklärt sich dieser außergewöhnliche Landschaftscharakter?

Tümpel und Weiher prägen den Albuch

Die wichtigste Voraussetzung für die Bildung der Feuchtgebiete im nördlichen Albuch sind neben recht hohen Niederschlägen (Jahresmittel rund 1000 mm) Feuersteinlehme. Sie sind im Tertiär unter tropischen Klimabedingungen durch Verwitterung von einst höhergelegenen Schichten des Oberen Juras

Die Feldhülbe bei Tauchenweiler wurde als Viehtränke angelegt.

Naturschutzgebiet Weiherwiesen. Der größere Weiher diente der Schafwäsche, der kleinere der Fischzucht.

entstanden. Sie enthalten vielfach faustgroße Kieselknollen, die man auch als Feuersteine oder Hornsteine bezeichnet. Da die Ostalb gegenüber der übrigen Alb weniger stark herausgehoben wurde, sind hier diese Verwitterungsrelikte erhalten geblieben.

Die über zehn Meter mächtigen wasserstauenden kaum mehr kalkhaltigen Feuersteinlehme liegen auf dem kalkreichen, stark verkarsteten Untergrund des Weißen Juras auf. Sie sind für die zahlreichen Tümpel und Weiher im nördlichen Albuch verantwortlich. Auf den nährstoffarmen, stark versauerten Feuersteinlehmdecken gedeiht die Heidelbeere und das Heidekraut. Für die Fichte sind diese Böden ideale Standorte. Jedoch ist sie auf der Ostalb von Hause aus fremd.

Infolge der Abholzung der Wälder im Albuch und Härtsfeld für die Erzverhüttung (Holzkohlegewinnung) waren die ursprünglichen Buchenwälder stark dezimiert worden. Die Waldweide tat ein Übriges dazu. War die darauffolgende Aufforstung mit der schnellwüchsigen Fichte anfangs nur zur kurzfristigen Sanierung der verwüsteten Laubwälder gedacht, sorgte später ihr hoher Ertrag und somit ihre Rentabilität dafür, dass ab Mitte des 19. Jahrhunderts die ehemaligen Buchenwälder großflächig durch Fichtenbestände ersetzt wurden.

Charakteristisch für den Albuch sind die zahlreichen Dolinen und Hülben. Bei Dolinen – auf die wir später im Bereich der Mittleren Alb noch näher eingehen wollen – handelt es sich um eine Karsterscheinung, die meist als trichterförmige Einsenkung an der Erdoberfläche in Erscheinung tritt. Hülben dagegen sind künstlich angelegte Tümpel über meist wasserstauendem Untergrund. Wurden dabei Dolinen verwendet – was sich wegen der bereits vorhandenen Vertiefung anbot – mussten diese mit wasserundurchlässigem Lehm oder Ton ausgekleidet und somit abgedichtet werden.

Das Bild (Seite 32) zeigt eine Feldhülbe bei Tauchenweiler. Sie wurde wie alle anderen Feldhülben als Viehtränke angelegt. Daneben gibt es auch Dorfhülben, meist in der Ortsmitte gelegen. Außer als Viehtränke dienten diese zum Waschen und als Feuerlöschteich. Die typischen Merkmale einer Feldhülbe lassen sich auf dem Bild erkennen: Ein Verlandungsstreifen aus verschiedenen Süß- und Sauergräsern umschließt den Tümpel. Dahinter erkennt man den von Menschenhand geschaffenen Erdwall. Dadurch hat die Hülbe weder Zu- noch Abfluss. Sie wird allein vom Niederschlagswasser gespeist. Der Wall ist von Sommerlinden sowie Stiel- und Traubeneichen bestanden. Man kann sich gut vorstellen, wie hier früher Hirte und Herde im Schatten dieser Bäume Schutz vor der sommerlichen Hitze fanden.

Da sich in unmittelbarer Nachbarschaft dieser Feldhülbe eine Doline befindet, kann davon ausgegangen werden, dass sie ursprünglich aus solch einer Doline entstanden ist. Infolge der Umstellung von Weidewirtschaft auf Stallhaltung und durch den sukzessiven Ausbau der Albwasserversorgung ist rund die Hälfte der Hülben auf der Ostalb verschwunden. Im Zuge der Flurbereinigung füllte man sie auf oder ließ sie einfach verlanden. Die Dorfhülben fielen der zunehmenden Bebauung zum Opfer. Seit den 1980er-Jahren wurden viele Hülben wieder hergestellt und als Natur- und Kulturdenkmäler ausgewiesen. Sie sind heute Zeugnisse der historischen Kulturlandschaft.

Die Weiherwiesen verdanken ihre Entstehung ebenfalls den wasserstauenden Feuersteinlehmen. Die umliegenden Wälder und die Rodungsinsel Weiherwiesen wurden früher als Weiden für Schafe und andere Tiere genutzt. Der größere obere Weiher diente vor allem der Schafwäsche. Jährlich wurden hier bis zu 20 000 Schafe vor der Schur gewaschen. Der kleinere untere Weiher war der Fischzucht vorbehalten.

Beide Weiher sind künstlich angelegt. Man erkennt das deutlich an den Staudämmen. Gespeist werden sie durch den Weiherbach, einem kleinen Gewässer, das rechts außerhalb des Bildrandes (Seite 33) entspringt. Am linken Bildrand sieht man seinen Verlauf unterhalb des kleinen Weihers. Der Quellbereich dieses Bächleins ist erdgeschichtlich bedeutend, handelt es sich doch um das Ursprungsgebiet des ehemaligen Wental-Flusses. Der floss durch das heute trocken gefallene Wental zum Steinheimer Becken und weiter zur Brenz. Heute verschwindet das Bächlein etwa 300 Meter unterhalb des kleinen Weihers im Schluckloch (Ponor) einer Doline.

Als die Bauern die Weiden aufgaben, nutzten sie die Flächen als Streuwiesen, um Einstreu für ihre Viehställe zu gewinnen. Um 1860 wurden die beiden Weiher trocken gelegt. Mit der Einführung der Schwemmentmistung in den Ställen entfiel auch die Nutzung der Streuwiesen. Der Rodungsinsel Weiherwiesen drohte die totale Aufforstung mit Fichten. Um das zu verhindern, kaufte der Schwäbische Heimatbund nach und nach fast alle Grundstücke auf und beseitigte die bereits begonnene Aufforstung. 1969 wurde der untere und 1977/78 der obere Weiher wieder hergestellt. Seit 1978 sind die Weiherwiesen Naturschutzgebiet mit einer Ausdehnung von 28 Hektar. Das Grünland im Naturschutzgebiet wird heute teils als Extensivwiese, teils als Schafweide genutzt. Auch brüten wieder viele Wasservögel in den ausgedehnten Verlandungszonen beider Seen. Zugvögel nutzen die Weiherwiesen als Rastplatz auf dem Weg zwischen ihren Sommer- und Winterquartieren.

Die Geschichte von Heubach ist eng mit der ehemaligen Burg auf dem Lärmfelsen des Rosensteins verbunden.

Rund um den Rosenstein

Je weiter wir nach Westen kommen, desto höher und schroffer wird der Albtrauf. Am Rosenstein (735 m), einem Ausliegerberg am Nordrand des Albuchs über dem Städtchen Heubach, ragt der Trauf mit seinen Oberjura-Felsen bereits 250 Meter über das Albvorland empor.

Die Geschichte von Heubach ist eng mit der ehemaligen Burg auf dem Lärmfelsen des Rosensteins verbunden. Bis Ende des 12. Jahrhunderts war Heubach zusammen mit der Burg Rosenstein im Besitz der Pfalzgrafen von Dillingen. Nach dem Aussterben der Pfalzgrafen gingen Burg und Siedlung über die Staufer 1345 an die Grafen von Oettingen, die es wiederum an Graf Eberhard den Greiner von Württemberg verpfändeten. Von 1413 bis 1579 verliehen die Württemberger das inzwischen zur Stadt ernannte Heubach samt Burg an die Herren von Wöllwarth.

Während des Bauernkriegs verließ Georg von Wöllwarth die Burg und zog in sein neues Schloss in Heubach. Die Burg auf dem Rosenstein verfiel rasch. 1579 kam Heubach endgültig an Württemberg und stieg zur Amtsstadt auf. Die Bewohner lebten vor allem von der Landwirtschaft und vom Handwerk. Bereits im Mittelalter wurden in der Region um Heubach Flachs und Hanf angebaut, die zur Grundlage der Hausweberei wurden, mit der sich die Bauernfamilien ein zusätzliches Einkommen verschafften. Heubach entwickelte

»Große Scheuer« am Rosenstein

sich zu einem Zentrum der Weberei, aus der im 19. Jahrhundert eine weltbekannte Miederindustrie entstand. Ihre Fabrikgebäude prägen bis heute das Ortsbild der 10 000 Einwohner zählenden Kleinstadt.

Auf Grund seiner Nähe zum Naherholungsgebiet auf dem Rosenstein hat sich Heubach in den letzten Jahren zu einem beliebten Ausflugsort gemausert. Aber auch der Ortskern hat mit dem ehemaligen Wöllwarth'schen Schloss, der Stadtkirche aus dem 13. Jahrhundert und dem Miedermuseum für die Besucher einiges zu bieten.

Der Rosenstein ist nicht nur wegen der Burgruine und den zahlreichen Aussichtsfelsen ein beliebtes Ausflugsziel, sondern vor allem auch wegen seiner Höhlen. Nirgendwo sonst auf dem Albuch gibt es so viele Höhlen wie am Rosenstein. Es sollen über 35 sein. Funde in den Höhlen belegen, dass manche von ihnen während vieler Kulturepochen von der jüngeren Altsteinzeit, der Jungsteinzeit, der Bronze- und Hallstattzeit bis hin ins Mittelalter von Menschen als Wohn- oder Zufluchtsstätte genutzt wurden.

Das Bild (Seite 36) zeigt die »Große Scheuer« an der Nordseite des Rosensteins. Sie ist insgesamt 44 Meter lang, sechs Meter breit und bis zu sieben Meter hoch. Durch die drei Öffnungen erhält die tunnelförmige Höhle genügend Tageslicht, so dass man sich ohne Taschenlampe darin aufhalten kann. Bei der »Großen Scheuer« handelt es sich – zusammen mit der etwas tiefer gelegenen Höhle namens »Haus« – um Reste eines einst großen Höhlensystems, das inzwischen der Erosion am Albtrauf zum Opfer gefallen ist.

Entlang der Wanderwege am Rosenstein können noch weitere Höhlen besucht werden: so die »Kleine Scheuer« (23 m lang), die »Dreieingangshöhle« (75 m lang) und das »Finsterloch«, eine Durchgangshöhle von 133 Metern Länge.

Schwerpunktthema: Boten des Frühlings

Im März, wenn die Kraft der Sonne langsam stärker wird, erwacht die Natur aus ihrem Winterschlaf. Jetzt erscheinen, gerade in der Zeit vor und zu Beginn des Laubaustriebs, die Wälder am Albtrauf besonders buntblumig. Da noch viel Licht auf den Waldboden fällt, beginnt die Zeit der Frühblüher, die in wenigen Tagen den Waldboden mit einem üppigen Blütenteppich überziehen. Frühblüher sind mehrjährige Kräuter, die in unseren Wäldern vor dem Laubaustrieb zum Blühen kommen. Faszinierend ist ihr rasantes Wachstum und ihr massenhaftes Auftreten, das viele Menschen in die Wälder lockt.

Schneeglöckchen sind oft verwilderte Gartenflüchtlinge wie hier an einem Bachlauf. Ihre natürlichen Vorkommen sind gefährdet.

Der Hohle Lerchensporn ist ein Knollen-Geophyt und kommt in den Farbvarianten weiß und rot vor. Seine oberirdischen Teile welken schnell und sind bis zum Sommer verschwunden. Wegen seiner hohlen Knolle wurde er früher »Hohlwurz« genannt.

Einzelnes Exemplar der Echten oder Wiesenschlüsselblume auf Veilchenwiese

Frühblüher gehören zu den Geophyten oder Erdpflanzen. Sie haben die Fähigkeit, ungünstige Jahreszeiten, in diesem Falle die schattenreichen Sommermonate, unter der Erde zu überdauern. Schon im Vorjahr sammeln sie in ihren Zwiebeln, Knollen oder Rhizomen (Kriechsprossen) Nährstoffe in Form von Stärke; so können sie, ohne Energiegewinnung aus der Fotosynthese, im zeitigen Frühling rasch austreiben und blühen. Bereits im Frühsommer haben sie sich wieder in ihre unterirdischen Speicherorgane zurückgezogen und sind nicht mehr sichtbar.

Eine solch schnelle Entwicklung verlangt einen humusreichen, feinkrümeligen und kalkhaltigen Waldboden. Außerdem bietet die Laubstreu mit viel Feuchtigkeit und Temperaturen bis zu 30 Grad im Frühling ideale Wachstumsbedingungen. Diese Standortfaktoren sind am Fuß der Steilhänge und in den Schluchten am Nordrand der Alb gegeben.

Hier finden wir den schönsten Frühlingswald, den Kleebwald (Kleeb = Kliff = Steilhang). Dieser besondere und seltene Waldtyp wird nicht, wie allgemein üblich, nach seiner Baumartenzusammensetzung, sondern nach den Blütenpflanzen des Waldbodens charakterisiert.

Unter noch kahlen Eschen, Eichen, Ulmen und Ahornen breitet sich hier ein besonders bunter Reigen von Frühjahrsblühern aus. Hohler Lerchensporn, Gelbes und Weißes Buschwindröschen, Aronstab, Goldnessel, Lungenkraut, Wald-Gelbstern, das zierliche Moschusblümchen und das in großen Massen wuchernde Bingelkraut geben sich ein Stelldichein.

Massenvorkommen der Hohen Schlüsselblume, auch Wald-Primel genannt, unter alten Linden. Im Gegensatz zur Echten oder Wiesen-Schlüsselblume verströmen ihre Blüten keinen Duft und sind blassgelb.

Das seltenere Gelbe Buschwindröschen, dahinter Echtes Lungenkraut, dessen Blüten ihre Farbe von zuerst rot nach blau wechseln, ein Phänomen, das mit dem Säuregehalt der Blüten zusammenhängt.

Zweiblättriger Blaustern, eine zierliche Zwiebelpflanze, die in der letzten Warmzeit vor 3000 bis 4000 Jahren aus dem Mittelmeerraum zu uns eingewandert ist

Begehrte Wanderziele für Naturfreunde sind im Frühling die seltenen Massenvorkommen des Märzenbechers an den Hängen des Albtraufs.

Der Wald-Gelbstern gehört zur Familie der Liliengewächse und wird von Fliegen, Käfern und Bienen bestäubt.

Der Märzenbecher: Die geschützte Art wird wegen ihres deutlich sichtbaren verdickten Knotens unterhalb der Blüte auch Frühlingsknotenblume genannt.

Bärlauch, ein Verwandter der Zwiebel, tritt in größeren Beständen auf und ist dann an seinem weithin wahrnehmbaren Knoblauchgeruch zu erkennen. Bärlauch wird er genannt, weil die Bären nach ihrem Winterschlaf im März die frischen Blätter fraßen.

Stinkende Nieswurz: Der von Februar bis April blühende immergrüne Halbstrauch gehört zu den Hahnenfußgewächsen und bevorzugt sonnige, trockene Hänge mit Buchenwäldern. Die hängenden glockenartigen grünen Blüten werden von Bienen bestäubt und sind deren erste Nahrungsquelle.

Zwischen Rems und Fils

Rechte Seite: Die sagenumwobene Reiterleskapelle liegt auf dem Sattel zwischen Kaltem Feld und Schwarzhorn.

Dieser Abschnitt des Albtraufs umfasst den stark gegliederten Westrand des Albuchs zwischen Rosenstein und der Fünftälerstadt Geislingen an der Steige. Er ist geprägt vom Kampf um die Wasserscheide zwischen den beiden Neckarzuflüssen Rems und Fils, wobei es der tiefer fließenden Rems gelingt, immer weiter in das Einzugsgebiet der Fils vorzudringen. Das, was sich im Großen zwischen dem rheinischen und danubischen Flusssystem im Kampf um die Europäische Wasserscheide abspielt, kann hier im Kleinen beobachtet werden.

Für jeden Albwanderer im Gebiet zwischen Fils und Rems ist die sagenumwobene Reiterleskapelle (644 m) ein Begriff. Sie liegt oberhalb von Tannweiler auf dem Sattel zwischen dem Kalten Feld und dem Schwarzhorn (Rechbergle) am Eingang zum Christental. Sie ist Ausgangspunkt vieler reizvoller Wanderungen. Die Kapelle wurde von einem Bauern namens Reiter oder Reuter aus Tannweiler in Erfüllung eines Gelübdes gestiftet.

Hier nun setzt die Sage ein: Der Hauptmann Berchthold von Roth vom nahe gelegenen Schloss Winzingen soll ein jähzorniger und gewalttätiger Mann gewesen sein, der Kraft Amtes über Leben und Tod seiner Untertanen zu entscheiden hatte. Deshalb fürchtete ihn jedermann. Nur in dem reichen Bauern Reiter besaß er einen guten Freund. Er war es auch, der dem stets verschuldeten Berchthold von Roth immer wieder aus seinen Geldnöten helfen musste.

Als der Hauptmann starb, hatte er beim Bauern Reiter hohe Schulden. Deshalb machte sich Reiter gleich nach der Beerdigung des Freundes auf den Weg zum Amtmann David Kugler, um zu schauen, ob er irgendwie wieder zu seinem Geld kommen könne. Lange saßen die beiden beieinander

Die Wetterfahne auf der Reiterleskapelle zeigt Hauptmann Berchthold von Roth als wilden Reiter.

und tranken dabei manch guten Tropfen. Als sich der Bauer schließlich gegen Mitternacht auf den Heimweg machte, sprengte plötzlich Berchthold von Roth auf einem Pferd ohne Kopf, begleitet von einer Meute ebenfalls kopfloser Hunde, unter Sturmgebraus von Granegg her heran.

Der Geist des Hauptmanns brüllte mit furchtbarer Stimme: »Du elendiger Geldfuchser! Würde ich dich nicht so gut kennen, so zerrisse ich dich zu Zunder und Fetzen!« Dem so angesprochenen Reiter schwanden daraufhin vor Schreck die Sinne und er fiel zu Boden. Als er aus seiner Ohnmacht erwachte, gelobte er, für die Seelenruhe des Verstorbenen an der nämlichen Stelle eine Kapelle zu errichten.

Soweit die Sage von der Entstehung der Reiterleskapelle. Erbaut wurde die Kapelle 1714 von Leonhard Geiger und ist dem heiligen Leonhard geweiht. Die Wetterfahne auf dem Dach der Kapelle zeigt den als Ortsherrn von Winzingen bezeugten Hauptmann Berchthold von Roth als wilden Reiter.

Wesentlich älter als die Kapelle ist die Linde aus dem 16. Jahrhundert, die wie eine Glucke ihre uralten Äste schützend über dem Kirchlein ausbreitet und auch dem rastenden Wanderer Schatten spendet. Sie sollte in den letzten Tagen des Zweiten Weltkrieges gefällt werden und als Panzersperre den Weg ins Christental versperren. Dies konnte Gott sei Dank verhindert werden.

Eingezwängt im engen Tal des Josefbaches, einem Zufluss der Lauter, liegt das ehemalige Städtchen Weißenstein. Sein Name geht vermutlich auf die hellen Oberjurafelsen zurück, die das Tal überragen. Ursprünglich galt die Bezeichnung einer Burg der Helfensteiner Grafen, die auf einem Felsvorsprung über dem Tal lag. Sie wurde 1241 erstmals urkundlich erwähnt. Später übernahm man den Namen auch für die Burgsiedlung, die zu ihren Füßen entstand. Diese wurde 1384 von den Herren von Rechberg zur Stadt erhoben. Sie waren es auch, die im 15. Jahrhundert die Burg abreißen und sie an derselben Stelle durch ein vierflügeliges Schloss ersetzen ließen.

Im 17. Jahrhundert erfolgte der Umbau im Stil der Renaissance mit Türmen und Erkern. Sein heute neugotisches Erscheinungsbild erhielt Schloss Weißenstein bei der nochmaligen Umgestaltung im 19. Jahrhundert. Reste der einst mächtigen Schenkelmauern, die von der ehemaligen Burg zum Ort hinunterführen, lassen noch die ehemals enge Beziehung zwischen Burg und Siedlung erahnen. Heute befindet sich das Schloss in Privatbesitz und beherbergt ein Institut für wissenschaftliche Fotografie mit einem Museum für Mikrofotografie, das besucht werden kann (Telefon (0 73 32) 43 17, www.kage-mikrofotografie.de).

Vom Schloss führt eine überdachte Treppe hinunter zur 1478 erbauten Pfarrkirche Mariä Himmelfahrt. Sie wurde 1725 vergrößert und bis auf den spätgotischen Kirchturm barockisiert. Der Grund dafür war, einen würdigen Ort für die Aufbewahrung einer Reliquie zu haben, die einer der Herren von Rechberg aus Rom mitgebracht hatte. Allein wegen ihrer Stuckaturen und der Heiligenfiguren lohnt ein Besuch der Kirche.

Im Zuge der Gemeindereform wurden 1974 die beiden benachbarten Gemeinden Weißenstein und Nenningen unter der neuen Bezeichnung Stadt Lauterstein zusammengefasst.

Einen Höhepunkt im wahrsten Sinn des Wortes stellt eine Wanderung zum Messelstein dar. Er ist mit 749 Metern der höchste Punkt auf der Treffelhauser Albhochfläche. Der Schwammstotzen aus Oberem Jura delta ragt in nordwestlicher Richtung aus dem bewaldeten Albtrauf heraus. Durch seine exponierte Lage knapp 350 Meter über dem Lautertal bei Donzdorf hat man an klaren Tagen eine umfassende Sicht auf den Albtrauf von Bernhardus im Nordosten bis zur Mittleren Alb im Südwesten. Direkt vor den Wanderern ausgebreitet liegt das Mitteljura-Hügelland des Rehgebirges, das im Norden von den drei Kaiserbergen Hohenstaufen (links), Rechberg (Mitte) und Stuifen (rechts) begrenzt wird. Dahinter verliert sich im Dunst der Mittagssonne das Keuperbergland des Schwäbisch-Fränkischen Waldes.

Die drei Kaiserberge bauen gleiche Oberjuragesteine auf wie beispielsweise die Treffelhauser Albhochfläche: gamma/delta. Dies

Schloss Weißenstein liegt auf einem Felsvorsprung im Tal des Josefbaches. Darunter die ehemalige Burgsiedlung Weißenstein

Blick vom Messelstein bei Donzdorf auf das Rehgebirge und die drei Kaiserberge

weist sie als Zeugenberge aus, die »bezeugen«, dass die Schwäbische Alb ehemals viel weiter nach Norden gereicht haben muss. Der Hohenstaufen ist inzwischen fast zehn Kilometer vom Albtrauf entfernt. Verantwortlich für diese Entwicklung sind – wie bei vielen der Zeugenberge vor dem Albtrauf – ein Grabenbruch und die erodierende Kraft des Wassers.

Im Falle der drei Kaiserberge sind die harten Oberjuraschollen innerhalb des Grabenbruchs des »Schwäbischen Lineaments« rund 60 Meter in die Tiefe gesunken. Hier wurden sie von der Abtragung zunächst weit weniger erfasst als die höher liegenden Gesteinsschichten der Alb. Als die Erosion schließlich die Höhenunterschiede zwischen dem Grabenbruch und seiner Umgebung nivelliert hatte, waren von der Höhenlage her wieder gleiche Voraussetzungen für die weitere Abtragung gegeben, allerdings mit dem entscheidenden Unterschied, dass die jetzt den Grabenbruch umgebenden weicheren Gesteine des Mittleren Juras im Vergleich zu den im Graben noch anstehenden Oberjurakalken vom Wasser wesentlich schneller abgetragen werden konnten.

Die drei Kaiserberge wurden so im Laufe der Zeit durch die rückschreitende Erosion der Neckarzuflüsse Fils und Rems und deren Nebenbäche zu ihrer heutigen Form herausmodelliert. Aus dem einstigen Graben entstanden so diese drei Berge. In der Geologie bezeichnet man solch einen Vorgang »Reliefumkehr«.

Mittlere Alb

Auf die Mittlere Alb entfällt der weitaus größte Teil des Albtraufs. Deshalb liegt hier auch der Schwerpunkt des Buches. Es lassen sich in diesem Bereich fast alle der eingangs bereits erwähnten Merkmale des Albtraufs sehr gut in Augenschein nehmen. Aufgrund seiner Nähe zu den Verdichtungsräumen im Neckarland ist er auch der am meisten frequentierte Bereich der Schwäbischen Alb. So erfreulich das große Interesse der Menschen am Albtrauf ist, so bringt es doch auch erhebliche Belastung und Gefährdung dieses von Natur aus sensiblen Lebensraumes mit sich. Nicht von ungefähr verzeichnet der Albtrauf der Mittleren Alb eine Vielzahl von Natur- und Landschaftsschutzgebieten.

Zwischen Oberem und Unterem Filstal

Am Übergang zwischen Oberem und Unterem Filstal, da wo die Fils die Talspinne von Geislingen erreicht und im rechten Winkel nach Nordwesten dem Albrand zufließt, hat sich das Tal seit Mitte des 19. Jahrhunderts zu einer regelrechten Industriegasse entwickelt. Wichtige Antriebskräfte für die Industrialisierung des Filstales waren damals die Wasserkraft, die anfangs die Energie lieferte, der Bau der Eisenbahn über die Alb, die große Zahl an genügend gut ausgebildeten Arbeitskräften sowie ein innovatives Unternehmertum. Wer sich heute auf Spurensuche nach Zeugnissen der frühen Industriekultur begibt, wird hier bestimmt fündig.

Die Fünftälerstadt Geislingen an der Steige

Geislingen an der Steige liegt inmitten einer Talspinne, die durch das Zusammentreffen verschiedener Täler entstanden ist. Auf dem Luftbild lassen sich (im Uhrzeigersinn) folgende fünf Täler zuordnen: unteres Filstal, Längental, Eybtal, Rohrachtal und oberes Filstal. Aus diesem Grund wird Geislingen auch als Fünftälerstadt bezeichnet. Entstanden ist die Stadt jedoch nicht im weiten Talkessel, sondern im engen Rohrachtal, denn hier begann der Albaufstieg der einst wichtigen Reichsstraße vom Rhein zum Mittelmeer, der heutigen Geislinger Steige. An dieser Engstelle ließ sich der Verkehr bestens kontrollieren.

Deshalb errichteten die Stadtgründer, die Grafen von Helfenstein, 1103 hier ihre Stammburg auf einem Bergsporn am Taleingang und wenig später im Tal selbst eine Zollstation, um Wegezoll zu kassieren. Die restaurierten Reste der Burg Helfenstein kann man am auf dem Bild am Albtrauf oberhalb des Rohrachtales erkennen. Zum Schutz der Zollstation legten sie dann im Tal das ummauerte Städt-

chen Geislingen an. Die Lage am Albaufstieg begünstigte zahlreiche Berufe wie Lohnkutscher, Hufschmiede, Radmacher, Gastwirte ... Daraus entwickelten sich zwei Handwerkervorstädte.

1396 kam Geislingen an die Reichsstadt Ulm und erlebte danach einen regelrechten mittelalterlichen Bauboom. Aus dieser Zeit kann man heute noch zahlreiche stattliche Fachwerkhäuser und die spätgotische Stadtkirche bewundern. Im Jahr 1803 wurde Geislingen aufgrund des Reichsdeputationshauptschlusses vorübergehend bayrisch, kam aber bereits 1810 ans Königreich Württemberg und wurde Oberamtsstadt.

Der Bau der Geislinger Steige im Zuge der Bahnlinie Stuttgart–Ulm in den Jahren 1847 bis 1850 gab den entscheidenden Impuls für die Entwicklung Geislingens zur Industriestadt. Vor allem die Industriepioniere Daniel Straub, Begründer der Württembergischen Metallwarenfabrik (WMF) und der Maschinenfabrik Geislingen (MAG), und die Schweizer Familie Staub, Gründer der Süddeutschen Baumwollindustrie, waren es, die diese Entwicklung vorantrieben. Daneben entstanden weitere Betriebe, vorwiegend in der Metallverarbeitung.

Der Abbau von Stufenerz im Mittleren Jura beta in Geislingen-Altenstadt zwischen 1935 und 1963 hatte jedoch keinen gravierenden Einfluss auf die Industriestruktur der Stadt, da das geförderte Eisenerz zur Weiterverarbeitung ins Ruhrgebiet abtransportiert wurde.

Geislingen an der Steige liegt inmitten einer Talspinne, die durch das Zusammentreffen verschiedener Täler entstanden ist.

Heute zählt Geislingen mehr als 27 000 Einwohner. Aufgrund der beengten Lage im Talkessel dehnt sich die Stadt immer weiter in die Seitentäler aus. Etliche Unternehmen sind wegen mangelnder Erweiterungsmöglichkeiten zwischenzeitlich aus Geislingen abgewandert.

Historische Arbeitersiedlung im Filstal

Im Zuge der Industrialisierung Mitte des 19. Jahrhunderts entwickelte sich das Filstal zwischen Geislingen und Eislingen zu einem Zentrum der Textilindustrie. Wichtigste Standortfaktoren hierfür waren die Wasserkraft der Fils zur Energiegewinnung, die neu geschaffene Eisenbahn für den Warenaustausch und das Vorhandensein von Facharbeitern. War doch die Leineweberei in den Dörfern jahrhundertelang eine wichtige Erwerbsquelle für die Bevölkerung. Kuchen war damals die größte Webergemeinde im Oberamt Geislingen.

Dies alles gab den Ausschlag, dass auch der Schweizer Unternehmer Arnold Staub, dessen Familie bereits in Altenstadt eine Spinnerei betrieb, 1857 an der Fils unterhalb von Kuchen ein Tochterwerk errichtete. Bereits zehn Jahre später war die Baumwollspinnerei und -weberei mit mehr als 800 Beschäftigten der bedeutendste Betrieb seiner Art in Württemberg. Um zuverlässige Arbeitskräfte heranzuziehen und sie auch auf Dauer an sein Unternehmen zu binden, ließ der vom Calvinismus geprägte Unternehmer neben der Fabrik eine Werksiedlung errichten.

Die ersten Wohngebäude entstanden bereits 1858. Im Lauf der Jahre errichtete er eine für die damalige Zeit vorbildliche Arbeitersiedlung mit verschiedenen Kultur-, Freizeit-,

Bad- und Waschhaus in der historischen Arbeitersiedlung Kuchen

Lageplan der historischen Arbeitersiedlung Kuchen samt ehemaliger Fabrikanlage

Bildungs- und Gesundheitseinrichtungen. Da die Siedlung außerhalb von Kuchen lag, wurde sie zusätzlich mit wichtigen Versorgungseinrichtungen versehen. So gab es unter anderem ein Mehrzweckgebäude mit Laden, Schule, Bücherei, Lesezimmer, Krankenzimmer und Apotheke.

Als Prunkstück galt das Bad- und Waschhaus im Zentrum der Siedlung (Bildvordergrund) mit integriertem Schwimmbecken, Dampfbad, Waschanstalt mit Bügelzimmer und einigen Wohnungen. Wenn man heute durch die sanierte Siedlung spaziert, dann fällt auf, dass fast kein Gebäude dem andern gleicht. Die unterschiedlichen Baustile unterstreichen den einst experimentellen Charakter dieser Mustersiedlung. Auf der Weltausstellung 1867 in Paris erhielt Arnold Staub für seine Arbeitersiedlung den Großen Preis mit Goldmedaille, das Ritterkreuz des württembergischen Friedrichsordens und von Kaiser Napoleon III. das Ritterkreuz der Ehrenlegion.

Wirtschaftliche Schwierigkeiten führten 1881 zum Zusammenschluss mit der Firma Waibel & Co zur Süddeutschen Baumwoll-Industrie AG (SBI). Nach dem Konkurs der Firma im Zusammenhang mit der Krise der Textilindustrie 1983 kaufte die Gemeinde Kuchen die denkmalgeschützte Arbeitersiedlung samt Fabrikanlage. Die Gebäude der Siedlung wurden saniert und zum Teil umgewidmet. So befindet sich im ehemaligen Bad- und Waschhaus heute ein Kindergarten. Die ehemaligen Fabrikgebäude riss man zum Teil ab. Dort entstanden Wohnhäuser und ein neues Gewerbegebiet.

Die architektonisch und sozialgeschichtlich einmalige Arbeitersiedlung Kuchen lohnt einen Besuch, vor allem unter fachkundiger Führung. Näheres dazu erfährt man im Internet unter www.kuchen.de/arbeitersiedlung.html.

Schwerpunktthema: Wege über die Alb

Aufgrund der Schrägstellung der Albtafel in Richtung Südosten wendet sie auf der Donauseite dem Verkehr ihre verkehrsgünstige Seite zu. Man bemerkt kaum, wenn man von Süden kommend auf die Alb fährt, dass man sich auf einem Mittelgebirge befindet. Die Flächenalb tut ein Übriges dazu. Ganz anders dagegen, wenn man sich von Norden her der Alb nähert. Da stellt sich der bis 400 Meter aufragende Albtrauf zunächst als scheinbar schwer zu überwindendes Hindernis in den Weg. Doch auch hier fanden die Menschen zu allen Zeiten Möglichkeiten, diese natürliche Barriere zu überwinden. Einige Beispiele sollen dies verdeutlichen.

Als 1843 der Bau einer Bahnlinie von Heilbronn – damals Endpunkt der Neckarschifffahrt – über Stuttgart, Ulm nach Friedrichshafen am Bodensee beschlossen wurde, stellte sich die Frage, wie man den Albtrauf dabei überwinden könne. Zwei Alternativen wurden diskutiert: Die eine durch das Kocher-Brenz-Tal, die andere durch das Filstal und dann über eine kurze, steile Rampe bei Geislingen durch das Rohrachtal hinauf nach Amstetten. Hier verlief seit Römerzeiten ein Handelsweg hinauf auf die Alb.

Aus politischen Gründen – es gab Probleme mit Bayern – entschied man sich im Königreich Württemberg für die Filstal-Variante. Zwischen 1847 und 1850 wurde die berühmte Geislinger Steige unter dem Einsatz von zeitweise mehr als 3000 Arbeitern geschaffen. Auf 5,6 Kilometern Länge konnte ein Höhenunterschied von 112 Metern überwunden werden. Diese technische Meisterleistung wurde jedoch mit einer für Eisenbahnen enormen Steigung von 2,25 Prozent und sehr engen Kurven (kleinster Radius 278 m) erkauft.

Die Folge war, dass im Zeitalter der Dampflokomotiven die Züge die Geislinger Steige nur mit zwei Loks bewältigen konnten. Dies machte für alle Züge einen Halt in Geislingen

Die Geislinger Steige überwindet auf 5,6 Kilometern Länge einen Höhenunterschied von 112 Metern.

Der Neubau des Autobahnaufstiegs am Aichelberg entlastete den Verkehr auf der A 8 und den Ort Aichelberg.

und am Ende der Steige in Amstetten zum Umspannen der Loks notwendig. Heute kann aufgrund der Elektrifizierung der Strecke und dem Einsatz starker Lokomotiven im Personenverkehr weitgehend auf Schubloks verzichtet werden. Schwere Güterzüge müssen jedoch nach wie vor nachgeschoben werden. Auch kann wegen der großen Steigung und der engen Kurven die Steige von allen Zügen – auch vom ICE – nur mit maximal 70 Stundenkilometern befahren werden.

Die geplante Hochgeschwindigkeitsstrecke Stuttgart–Ulm wird das Nadelöhr Geislinger Steige für den Schienenverkehr beseitigen. Dann wird der Albtrauf an anderer Stelle mittels kilometerlanger Tunnels und etlicher Hochbrücken mit 250 Stundenkilometern Geschwindigkeit überwunden werden können.

Der 16 Kilometer lange Albaufstieg der Autobahn A 8 zwischen Aichelberg am Fuß des Albtraufs und Hohenstadt auf der Albhochfläche wurde in den Jahren 1935 bis 1938 als Teilstück der Reichsautobahn Karlsruhe–Stuttgart–Ulm–München–Salzburg erbaut. Er überwindet dabei in zwei Stufen rund 380 Höhenmeter. Die Autobahnen der damaligen Zeit sollten vor allem als schnelle Transportwege für das Militär dienen.

In den 70er- und 80er-Jahren des letzten Jahrhunderts wurde dieser bis dahin unveränderte Albaufstieg aufgrund seiner Steigung von sieben Prozent, der engen Kurven und des hohen Verkehrsaufkommens zum Inbegriff für kilometerlange Staus und schwere Unfälle. Erst der Bau einer neuen sechsspurigen Trasse zwischen Aichelberg und Gruibingen in den Jahren 1985 bis 1990 führten zu einer spürbaren Entlastung auf diesem Autobahnabschnitt. Das Luftbild zeigt diese neue Trasse. Am linken vorderen Bildrand liegt der Ort Aichelberg. Im Bildhintergrund rechts erkennt man das unbewaldete Hochtal bei Gruibingen.

Die Hanner Steige bei Bad Urach überwindet mit Hilfe von Spitzkehren und Kurven auf 4,8 Kilometern 263 Höhenmeter.

Auf dieser rund acht Kiometer langen Neubaustrecke wurde die Steigung auf 5,3 Prozent reduziert und die Kurven entschärft. Um dies zu erreichen, musste ein gewaltiger Damm (Bildvordergrund Seite 53), eine tiefe Schneise in das bewaldete Mitteljura-Bergland (Bildmitte Seite 53), eine Grünbrücke mit zwei 100 Meter langen Röhren und zwei neue Viadukte angelegt werden. Zusätzlich hat man die Autobahn aus Lärmschutzgründen vom Ort Aichelberg weggerückt.

Den Verlauf der alten Autobahn-Trasse lässt der helle Weg noch erahnen, der von Aichelberg am Fuß des lang gestreckten Turmbergs parallel zur neuen Autobahntrasse verläuft. Die Grünbrücke, auf die dieser Weg zuläuft, soll zum einen den massiven Landschaftseingriff, den die neue Trassenführung zweifellos darstellt, ein wenig kaschieren, zum andern Wanderern und dem Wild eine gefahrlose Querung der A 8 ermöglichen, die täglich von mehr als 100 000 Autos befahren wird.

Neben den berühmten Albaufstiegen verbinden noch eine Vielzahl von Steigen das Albvorland mit der Albhochfläche. Allein zwischen dem Härtsfeld auf der Ostalb und dem Großen Heuberg im Südwesten der Alb überwinden mehr als 80 Steigen den Albtrauf. Die Hanner Steige bei Bad Urach ist eine davon. Sie führt vom Ermstal durch den dicht bewaldeten, felsigen Albtrauf hinauf nach Bleichstetten auf der Hinteren Alb. Dabei überwindet sie auf 4,8 Kilometern mit Hilfe von drei Spitzkehren und mehreren Kurven 263 Höhenmeter. Die Rampen zwischen den Serpentinen sind teilweise bis zu 15 Prozent steil.

Erosion und Steinschlag gefährden immer wieder den Verkehr auf den Albsteigen. Technisch und finanziell aufwändige Sicherungsmaßnahmen wie Steinschlagnetze, Fangzäune, Felsnagelungen und Betonplomben helfen, den Verkehr auf den Steilstrecken ganzjährig zu sichern. Für viele Älbler sind die Steigen lebensnotwendig für ihren oft langen Arbeitsweg in die Städte in den Tälern und im Albvorland. Für Freizeitradler stellen sie eine sportliche Herausforderung dar, gepaart mit spektakulären Landschaftseindrücken.

Eine der längsten, dafür aber auch bequemsten Albaufstiege verläuft von Urach das Ermstal aufwärts nach Seeburg und von dort durch das Mühltal an der Ermsquelle vorbei durch die Trailfinger Schlucht hinauf auf die Münsinger Alb. Während sich heute der Verkehr auf der B 465 durch das steile Seetal hinauf zur Europäischen Wasserscheide quält, nutzen erholungssuchende Wanderer und Radfahrer den sanften Anstieg durch die Trailfinger Schlucht. Damit verbunden ist ein einmaliges Naturerlebnis, denn mit ihren Schluchtwäldern gehört diese Klinge zur Kernzone des Biosphärengebietes Schwäbische Alb.

Dass dieser flache Albaufstieg schon immer gern benutzt wurde, veranschaulicht das Bild. Unmittelbar neben dem aufgeschütteten Weg nach Trailfingen erkennt man im heutigen Bachbett Wagenspuren. Das Alter dieser Spuren gibt immer wieder Anlass zu Diskussionen und Spekulationen. Ein Eselsteig, wie man vermuten könnte, auf dem einst das Mehl von den zahlreichen Mühlen des Ermstals zu den Dörfern auf der Albhochfläche transportiert wurde, war es nicht. Der verlief oberhalb der Trailfinger Schlucht. Als römische Wagenspur wurde sie auch schon gedeutet, da ihre Spurbreite denen römischer Wagen entsprach. Ob dem so ist, konnte bis heute niemand beweisen. Auf alle Fälle erzählen die tiefen Wagenspuren im harten Oberjura-Gestein von der Mühlsal längst vergangener Generationen beim Aufstieg auf die Alb, auch wenn diese Steige im Vergleich zu anderen »bequem« war.

Wagenspuren in der Trailfinger Schlucht erzählen von der Mühsal früherer Generationen beim Albaufstieg.

Von der Schopflocher Alb zur Hinteren Alb

Dieser Bereich des Albtraufs zwischen dem Neidlinger Tal und dem Ermstal wird durch tief eingeschnittene Täler sowie zahlreiche Auslieger- und Zeugenberge gegliedert, die häufig von Burgen gekrönt sind. An ihrem Fuß breiten sich ausgedehnte Streuobstwiesen aus, immer wieder unterbrochen von Weinbergen. Interessant sind die zahlreichen geköpften Täler als sichtbarer Ausdruck des Kampfes um die Wasserscheide zwischen Rhein und Donau. Auch lassen sich hier auf engstem Raum die vielfältigen Karsterscheinungen studieren, die uns die Alb zu bieten hat. Eine weitere Besonderheit sind die unterschiedlichen Landschaftsformen des »Schwäbische Vulkans«, vor allem in seinem Kerngebiet zwischen Kirchheim unter Teck und Bad Urach. Auch auf den Spuren der Kelten und des Dichters Eduard Mörike kann man wandeln oder sich im Naturschutzzentrum Schopflocher Alb über das Biosphärengebiet und den Geopark Schwäbische Alb informieren und an einer Vielzahl unterschiedlichster Veranstaltungen teilnehmen. In diesem Bereich des Albtraufs kommt also jeder auf seine Kosten.

Die Gutenberger Höhle ist berühmt für ihre fossilen Knochenfunde aus der Mittleren Eiszeit.

Vielfältige Formen der Verkarstung

Das Wort Verkarstung leitet sich ab vom Namen Karst (slowenisch: Kras) für die slowenische Kalkhochfläche im Hinterland von Triest. Es steht allgemein für den durch Korrosion in leicht wasserlöslichen Gesteinen – wie dem Jurakalk – sich entwickelnden charakteristischen Formenschatz. Fast alle Formen der Verkarstung sind auf der Alb vertreten.

Die Gutenberger Höhle und die 200 Meter westlich (links) davon gelegene Gussmannshöhle liegen hoch über der Ortschaft Gutenberg am Trauf der Schopflocher Alb. Beide Höhlen sind auf Grund ihrer Höhenlage zwischen 680 bis 690 Meter Trockenhöhlen, die weit oberhalb des heutigen Karstwasserspiegels liegen. Sie sind deshalb – im Vergleich zur Falkensteiner Höhle – inaktive Höhlen. An der Felswand rechts vom Eingangsportal der Gutenberger Höhle, dem Heppenloch, kann man schön den Übergang vom geschichteten Bankkalk zum Massenkalk im Oberjura delta beobachten. Die zehn Meter tiefer liegende Gussmannshöhle befindet sich dagegen ganz in den Bankkalken.

Die Entdeckung und Erforschung beider Höhlen in den Jahren 1889 und 1890 ist eng mit der Person des damaligen Gutenberger Pfarrers Karl Gussmann und dem von ihm gegründeten Schwäbischen Höhlenverein verbunden. Gussmann war überzeugt, dass es sich beim acht Meter breiten und sechs Meter hohen Heppenloch um das Portal einer dahinter liegenden Höhle handeln muss. Und tatsächlich, bei den Grabungsarbeiten stieß man hinter dem Heppenloch auf die Fortsetzung der Höhle mit einer Länge von insgesamt 220 Metern.

Dabei machte man gleich in der ersten Halle großartige Funde. Im steinhart verbackenen Höhlenlehm fand man fossile Knochenreste von 35 verschiedenen Säugetieren aus der Mittleren Eiszeit vor rund 250 000 Jahren. Als sensationell galten die Funde von Kieferbruchstücken eines nahen Verwandten des Berberaffen, der heute noch auf Gibraltar lebt, und des Rothundes, einer heute noch in Asien lebenden Wildhundart.

Die Funde sind in Kirchheim unter Teck im Museum im Kornhaus und im Staatlichen Museum für Naturkunde in Stuttgart ausgestellt. Alle zeigen sie, dass zur damaligen Zeit sowohl Steppentiere auf der Albhochfläche als auch Waldbewohner am Albtrauf und in den

Die kleinere Gussmannshöhle fasziniert durch ihre herrlichen Tropfsteingebilde.

Links: Das Schlüssellochprofil der Heimensteinhöhle entstand durch Korrosion und Erosion entlang einer Gesteinskluft. Rechts: Dieser Kolk vor der Heimensteinhöhle entstand durch strudelnde Bewegung des Wassers, das Sediment mit sich führte.

Albtälern, lebten und das Klima wesentlich wärmer als heute gewesen ist.

Diese Warmzeiten innerhalb einer Eiszeit bezeichnet die Wissenschaft als Interglazial. Man geht davon aus, dass die Tiere nicht in der Höhle hausten, sondern die Knochenreste nach deren Tod ins Höhleninnere geschwemmt wurden. Heute dagegen werden beide Höhlen im Winterhalbjahr von Kleinsäugern, nämlich von Fledermäusen, als Winterquartier benutzt. Da fast alle Fledermausarten bei uns vom Aussterben bedroht sind, bleiben beide Höhlen von Mitte Oktober bis Anfang Mai geschlossen. Am Eingang des Heppenlochs befindet sich links an der Felswand eine Bronzetafel, die an Pfarrer Gussmann und den Schwäbischen Höhlenverein erinnert.

Während die Gutenberger Höhle wegen ihrer einzigartigen Funde berühmt ist, fasziniert die mit nur 55 Metern Länge wesentlich kleinere Gussmannshöhle durch ihre herrlichen Tropfsteingebilde. Bei der Gussmannshöhle handelt es sich um eine Höhle, die entlang einer senkrecht verlaufenden Kluft oder Spalte entstanden ist. Dies macht schon der gradlinige Verlauf und das Profil der Höhle deutlich.

Das Bild (Seite 57) wurde am Ende des 55 Meter langen Schauhöhlenteils in der »Turmhalle« aufgenommen. Es zeigt im unteren Bereich die enge, lehmige rund 30 Meter lange Fortsetzung der Höhle. Sie ist für die Öffentlichkeit nicht zugänglich. Das Bild veranschaulicht aber auch, wie Höhlen, in die Oberflächenwasser eindringt, durch Kalkablagerungen allmählich wieder zuwachsen.

Wie geschieht das? Das durch Risse und Spalten an den Höhlendecken und -wänden austretende kohlensäurehaltige Sickerwasser hat auf seinem Weg durch das Oberjura-Gestein Kalk gelöst und aufgenommen. Da in der Höhlenluft weniger Kohlendioxid enthalten ist als im Sickerwasser, entweicht es aus dem Wasser, vergleichbar einer geöffneten Sprudelflasche. Durch die Druckentlastung und Oberflächenvergrößerung des Sickerwassers beim Eintritt in die Höhle scheidet es einen Teil des mitgeführten Kalks als Sinter wieder aus. Dabei entstehen die unterschiedlichsten Sinterformen.

Läuft das kalkbeladene Sickerwasser – wie auf dem Bild (Seite 57) – überwiegend an den Höhlenwänden herab, bilden sich Sinterkrusten, Sinterkaskaden oder auch Sintervorhänge (im Bild rechts oben). Tritt Sickerwasser an der Höhlendecke aus, dann bilden sich Deckentropfsteine (Stalaktiten). Wenn die Tropfen des Sickerwassers auf dem Höhlenboden auftreffen, entsteht dort ein breiter, plumper Tropfstein, der allmählich in die Höhe wächst.

An der Höhlendecke im Bildhintergrund kann man die Entstehung von Stalaktiten beobachten. Wassertropfen, die an der Höhlendecke erscheinen, hinterlassen dort vor dem Herunterfallen einen winzigen Kalkring, der im Laufe der Zeit zu einem länglichen, hohlen Tropfsteinröhrchen, einem so genannten Makkaroni, heranwächst. Läuft zusätzlich Sickerwasser außen an den Makkaronis ab, beginnt das Dickenwachstum der Röhrchen und Stalaktiten bilden sich. Die braune Farbe des Kalksinters auf dem Bild rührt vom darin enthaltenen Eisenoxid her.

Die beiden Gutenberger Höhlen sind von Mai bis Oktober samstags von 13 bis 17 Uhr, sonn- und feiertags von 10 bis 17 Uhr geöffnet. Nähere Auskunft erteilt die Ortschaftsverwaltung Lenningen-Gutenberg, Telefon (0 70 26) 78 22, ov.gutenberg@lenningen.de.

Die Heimensteinhöhle liegt im 764 Meter hoch gelegenen Heimenstein, einem Felsen aus Riffkalken des Oberen Jura delta. Sie quert den Kalkfelsen in einem 80 Meter langen und 20 Meter tiefen Gang. Die Höhle entstand einst durch unterirdisch fließendes Wasser entlang einer Kluft im anstehenden Gestein. Das mit Kohlendioxid angereicherte Sickerwasser hat im Laufe der Zeit den Kalk entlang der Kluft aufgelöst. So entwickelte sich

Die Falkensteiner Höhle wird von einem Höhlenbach durchflossen. Er fließt jedoch nur noch bei Hochwasser aus dem Höhlenportal.

allmählich aus der schmalen Kluft durch Korrosion (Lösungsverwitterung) und Erosion (mechanische Ausräumung durch mitgeführte Sedimente) eine regelrechte Röhre (Bildmitte Seite 58), durch die das Wasser mit Druck hindurchfloss.

Das allmähliche Absinken des Karstwasserspiegels als Folge der Heraushebung der Alb hatte zur Folge, dass die Röhre nicht mehr vollständig wassergefüllt war und sich mit Hilfe des mitgeführten Sediments ein Gerinne in den Kalkstein einschnitt (Bildvordergrund Seite 58). Auf diese Weise entstand das mustergültige Schlüssellochprofil der Heimensteinhöhle. Mit dem weiteren Absinken des Karstwasserspiegels fiel die Höhle trocken. Heute wird sie nur noch bei schweren Wolkenbrüchen vom Regenwasser durchflossen, das dann über das Gerinne die Höhle verlässt und über zwei runde Kolke (die sich beim Standort des Fotografen befinden) in die Tiefe rauscht.

Angeschnittene Doline in einem Steinbruch im Massenkalk

Die heutige Heimensteinhöhle ist nur noch der Rest einer ehemals viel längeren Flusshöhle, die durch rückschreitende Erosion der Lindach und ihrer Seitenbäche angeschnitten wurde. Man bezeichnet deshalb diese Höhlenruine auch als Durchgangshöhle. Aus Gründen des Naturschutzes ist die Höhle vom 15. Februar bis 31. Juli nicht in ihrer ganzen Länge begehbar.

Einen ganz anderen Höhlentyp als die beiden vorherigen verkörpert die Falkensteiner Höhle im Elsachtal zwischen Bad Urach und Grabenstetten. Es handelt sich um eine aktive Höhle, die von einem Höhlenbach, der Elsach, durchflossen wird. Bis etwa 1830 floss der Höhlenbach noch aus dem Höhlenportal. Heute verschwindet er rund 90 Meter höhleneinwärts in einer Kluft und tritt rund 200 Meter unterhalb der Höhle als Quelle im Hangschutt des Elsachtales ans Tageslicht. Nur nach starken Regenfällen oder bei Schneeschmelze – wie auf dem Bild Seite 59 – strömt der Höhlenbach auch heute noch aus dem gewaltigen Portal und stürzt in Kaskaden zu Tal.

Die Falkensteiner Höhle ist eine Schichtfugenhöhle, die sich in den Bankkalken des Oberen Juras delta über der wasserstauenden Tonschicht, der so genannten Glaukonitbank, gebildet hat. Das hier fließende mit Kohlendioxid angereicherte kohlensaure Karstwasser hat im Laufe der Zeit Klüfte und Fugen im Kalkgestein durch Korrosion und Erosion zur Höhle mit ihren charakteristischen Gangfor-

Einsturzdolinen entstehen durch das Einstürzen der Decke eines unterirdischen Hohlraumes.

men und Raumprofilen erweitert. Die Falkensteiner Höhle ist mit einer vermessenen Länge von 3853 Metern – erforscht ist sie auf rund 5000 Meter – eine der längsten Höhlen der Alb.

Der 24 Meter tiefe, zwölf Meter breite und neun Meter hohe Eingangsbereich war ursprünglich nicht das Ende der Falkensteiner Höhle. Heute weiß man, dass der auf der gegenüberliegenden Hangseite des Elsachtales liegende Elsachbröller, dessen Eingang im Hangschutt verborgen ist, mit der Falkensteiner Höhle in Verbindung stand. Beide Höhlen waren einst zusammenhängende Teile einer Grabenstetter Großhöhle, die durch die rückschreitende Erosion der Elsach voneinander getrennt wurden. An der Wand des Höhlenportals erinnert eine Gedenktafel an David Friedrich Weinland, den Verfasser des »Rulaman«, eines naturgeschichtlichen Romans aus dem Jahr 1875 über das Leben der steinzeitlichen Höhlenmenschen auf der Alb.

Die Falkensteiner Höhle ist keine beleuchtete Schauhöhle, sondern eine unausgebaute »wilde« Höhle, die als Naturdenkmal unter Naturschutz steht. Der Besuch der Höhle ist nicht ungefährlich Sie erfordert eine speziell angepasste Ausrüstung. Prinzipiell sollte niemand die Höhle ohne erfahrene Begleitung »befahren«. Die Arbeitsgemeinschaft Höhle und Karst Grabenstetten e. V. bietet sich hierfür an: www.arge-grabenstetten.de. Sie führt in den Sommermonaten an den Wochenenden am Rastplatz unterhalb der Falkensteiner Höhle Informationsveranstaltungen durch.

Besucher der Höhle sollten Folgendes beachten: Ausrüstung: strapazierfähige und warme Kleidung (Höhlentemperatur neun Grad, Luftfeuchtigkeit 99 Prozent, Höhlenwasser sechs Grad), Ersatzkleidung, Handtuch, Gummi- oder Bergstiefel, Helm, Arbeitshandschuhe, funktionstüchtige Taschenlampen. Verhalten: Immer jemand verständigen, bevor man in die Höhle geht, keine Fackeln verwenden, nichts zerstören, keinen Müll zurücklassen, kein Feuer am Höhleneingang entfachen, Höhle nicht von Mitte November bis Mitte April befahren (Fledermausschutz!).

Dolinen sind wie die Höhlen und Trockentäler der Alb das Ergebnis der Verkarstung. Durch die lösende Wirkung des im klüftigen Kalkgestein versickernden kohlensauren

Niederschlagswassers entstehen im Laufe der Zeit auf der Albhochfläche im Oberjura-Gestein Hohlformen, so genannte Dolinen. Sie werden von den Älblern auch als Erdfälle bezeichnet. Dolinen sind auf der Alb weit verbreitet. Man schätzt ihre Zahl auf 5000. In der Vergangenheit sind durch Auffüllen bereits viele Dolinen verschwunden. Es lassen sich drei Grundformen unterscheiden: Schüssel-, Trichter- und Einsturzdolinen.

Schüsseldolinen sind meist sehr flach, von schüsselförmigem Aussehen mit rundem bis ovalem Grundriss und relativ unebenem Boden. Das Schluckloch dieser Dolinenform befindet sich an der tiefsten Stelle, meist unter einer aus Verwitterungsrückständen gebildeten Lehmschicht verborgen.

Trichterdolinen bilden sich ebenfalls durch Kohlensäureverwitterung im klüftigen Kalkgestein. Im Gegensatz zu den Schüsseldolinen sind die kessel- bis trichterförmigen Einsenkungen der Trichterdolinen wesentlich tiefer und steilwandiger. Die Wände und der Grund dieser Dolinen sind ebenfalls mit lehmigen oder tonigen Verwitterungsrückständen bedeckt. Bei manchen Trichterdolinen ist das Schluckloch (Ponor) im Zentrum des Kessels freigelegt. Bei längeren Regenperioden kann man hier das Niederschlagswasser in die Tiefe abfließen sehen und rauschen hören. Trichterdolinen sind die am weitest verbreitete Dolinenform auf der Alb.

Einsturzdolinen – wie auf dem Bild Seite 61 – entstehen durch das Einstürzen der Decke eines unterirdischen Hohlraumes, beispielsweise einer Höhle. Sie haben deshalb einen unregelmäßigen Grundriss. Im Gegensatz zu den beiden anderen Dolinenformen handelt es sich bei Einsturzdolinen um keine Korrosionsdolinen. Einsturzdolinen können jedoch durch nachrutschendes Erdreich und Gestein und zusätzliche Kalkkorrosion ein trichterförmiges Aussehen erhalten. Genauso können Trichterdolinen im Laufe ihrer Entwicklung zu Einsturzdolinen werden. Deshalb lassen sich die beiden Dolinentypen in der Natur meist nur schwer unterscheiden.

Die noch recht junge Trichterdoline auf dem Bild ist weiträumig umzäunt, zum einen, um Mensch und Tier nicht zu gefährden, und zum andern, um zu verhindern, dass Müll und

Schichtquelle im »Seichten Karst« oberhalb der Gütersteiner Wasserfälle

sonstige Abfälle in die Doline gelangen. Dies würde das Grundwasser gefährden, da giftige Sickerwässer im klüftigen Kalkgestein kaum gefiltert und rasch in die Tiefe und so in Trinkwasserquellen gelangen können. Färbversuche haben dies nachgewiesen. Seit 1992 sind Dolinen durch das baden-württembergische Biotopgesetz geschützte Naturdenkmäler.

Obwohl auf der Alb genügend Niederschlag fällt, ist ihre Hochfläche extrem wasserarm. Der Grund dafür liegt in dem von zahlreichen Klüften und Spalten durchsetzten Oberjura-Gestein. Es lässt – wie der Altmeister der schwäbischen Geologie Georg Wagner einmal treffend formulierte – das Niederschlagswasser »wie ein Sieb« durch den Albkörper fließen. Erst wenn das inzwischen kalkgesättigte Wasser auf eine wasserundurchlässige Mergel- oder Tonschicht trifft, staut es sich und tritt als Schichtquelle da zu Tage, wo diese wasserstauende Schicht angeschnitten wird. Dies ist am Albtrauf der Fall, wo viele Neckarzuflüsse sich in rückschreitender Erosion weit und tief in die Albtafel hineingegraben und dabei den Karstwasserspiegel angezapft haben.

Das Bild links unten zeigt eine der Schichtquellen im Talschluss des Maisentals oberhalb der Gütersteiner Wasserfälle bei Bad Urach. Sie entspringen in Form eines Quellbandes über der wasserstauenden Tonschicht der Glaukonitbank in den Bankkalken des Oberjura delta in 635 Metern Höhe. Wir kennen diesen Quellhorizont ja bereits von der Falkensteiner Höhle. Da auch diese Schichtquellen, wie alle anderen auch, vom Niederschlagswasser der Albhochfläche gespeist werden, schwankt ihre Schüttung beträchtlich.

Die Schichtquellen des Albtraufs gehören zum »Seichten Karst«. Das heißt, die wasserstauende Sohlschicht liegt über dem des Vorfluters, dem die Quellwasser zufließen. Beim »Tiefen Karst« dagegen liegt die Sohlschicht unterhalb des Vorfluters. Deshalb treten hier die Quellen unter Druck in Quelltöpfen zu Tage. Dies ist vor allem auf der Südseite der Alb im Einzugsgebiet der Donau der Fall. Bekannte Quelltöpfe sind dort der Blau- und der Brenztopf.

Das Quellwasser der Alb enthält durchschnittlich 250 Gramm gelösten Kalk je Kubikmeter. Das heißt, der Alb gehen in einem Jahr theoretisch ungefähr 100 000 Kubikmeter Kalk abhanden. Aber in der Natur geht nichts davon verloren. Sobald das kalkhaltige Wasser das Gestein verlässt, entweicht das überschüssige Kohlendioxid in die weit weniger kohlendioxidhaltige Atmosphäre. Dadurch nimmt der Kohlendioxid-Gehalt des Karstwassers ab und damit seine Fähigkeit Kalk aufzulösen. Es kommt zur Ausfällung des im Karstwasser gelösten Kalkes und damit zur Kalksinter-Bildung. Hinzu kommt, dass beim Quellaustritt der Druck im Wasser nachlässt, so dass es jetzt die meist höhere Temperatur der Luft annehmen kann. Die damit verbundene Zunahme der Verdunstung fördert ebenfalls die Kalkausscheidung. Welche Formen das im wahrsten Sinn des Wortes annehmen kann, soll das Bild auf Seite 64 veranschaulichen.

Liegen – wie in unserem Fall – die Schichtquellen am Fuß einer Felswand des Albtraufs, dann baut sich hier ein mächtiges Kalktuffpolster auf, das immer weiter nach vorn wächst. Auf diese Weise ist die obersten Kalktuff-Terrasse der Gütersteiner Wasserfälle entstanden, über deren Kante das Karstwasser in einem ersten Wasserfall in das künstlich geschaffene Becken auf einer tiefer liegenden Tuff-Terrasse stürzt. Von dort fällt das Wasser über weitere durch Kalkausscheidungen entstandene Tuffnasen (Bildhintergrund), steinerne Rinnen und in verzweigten Kaskaden (Bildvordergrund) zu Tal. In diesem Bereich der Gütersteiner Wasserfälle lässt sich die Kalktuffbildung besonders gut studieren.

Vor allem im Bereich der Wasserfälle und Kaskaden ist die Kalkausscheidung und damit die Tuffbildung besonders hoch, da durch das Zerstäuben und Verwirbeln des kalkhaltigen Wassers das Kohlendioxid leichter entweichen

An den Gütersteiner Wasserfällen lässt sich die Kalktuffbildung besonders gut studieren.

kann und auch die Verdunstung wesentlich höher ist. An der Tuffbildung sind jedoch auch Organismen beteiligt: Moose, Algen, Laub und Ästchen, aber auch Gräser, Schneckenhäuser und vieles mehr. Alles, was sich dem kalkhaltigen Quellwasser in den Weg stellt, wird mit Kalk überzogen.

Die Inkrustierung von Moospolstern ist auf dem Bild besonders deutlich zu erkennen. Sie erfolgt von unten nach oben. Die bereits kalkverkrusteten Bereiche der Moospolster haben sich durch im Kalk enthaltenes Eisenoxid braun verfärbt. Durch das starke Längenwachstum der Moospflanzen an diesem feuchten Standort bleiben die Spitzen der Moospflanzen zunächst frei und damit grün. Da, wo das Kalkwasser unablässig über die Moospolster strömt (Bildvordergrund), überzieht der Kalktuff schließlich die gesamte Pflanze. Es entstehen im Laufe der Zeit viele übereinander gestaffelte Tuffpolster. Die pflanzlichen und tierischen Einschlüsse im Kalktuff ermöglichen eine zeitliche Einordnung seiner Bildung. Die Kalktuffbildung am Albtrauf dürfte demnach nach der Eiszeit – als es wärmer wurde – eingesetzt haben.

Der poröse und damit luftdurchlässige Kalktuff war früher ein beliebter Baustein. Er lässt sich, solange er bergfeucht ist, leicht bearbeiten. Im trockenen Zustand wird er hart und widerstandsfähig. Durch seine löchrige Struktur war er lange Zeit ein wärme- und schallisolierender Werkstein. Zahlreiche Häuser und Kirchen wurden früher aus Kalktuff erbaut. Selbst am Bergfried der Burg Reußenstein fand er Verwendung.

Das Phänomen der Kalktuffbildung lässt sich am gesamten Albtrauf beobachten, besonders eindrücklich neben den Gütersteiner Wasserfällen am nahe gelegenen Uracher Wasserfall, am Neidlinger Wasserfall und in nahezu allen Flusstälern, die die Alb entwässern.

Geköpfte Täler – der Kampf um die Wasserscheide

Aus der Vogelperspektive (Blickrichtung Nordosten) erkennt man auf dem Bild unten gut, wie sich die beiden Neckarzuflüsse – Lenninger Lauter und ihre Zuflüsse im Bildvordergrund und die Lindach im Neidlinger Tal im Bildhintergrund – durch rückschreitende Erosion tief in den Albkörper eingeschnitten und so den Albtrauf in Berghalbinseln, Sporne und Auslieger aufgelöst haben. Die Schopflocher Berghalbinsel in der Bildmitte ist heute nur noch auf eine Länge von 2,5 Kilometern mit der übrigen Alb verbunden. Die Lenninger Lauter hat sich inzwischen rund neun Kilometer in die Alb hinein gegraben.

Interessant sind auch die verschiedenen Talformen, die von der Lauter und ihren Zuflüssen auf ihrem Weg in die Alb hinein geschaffen wurden. Beim eigentlichen Lautertal handelt es sich um ein Kastental mit breitem Talboden aus Kalktuff und deutlichem Knick am Fuß der steilen, überwiegend bewaldeten Talhänge. In deutlichem Kontrast dazu stehen die kurzen, gefällsreichen Lauterzuflüsse, die als Folge geringerer Wassermengen aber höherer Fließgeschwindigkeit steile Kerbtäler in die Talflanken geschnitten haben. Sie zeigen auch an, wie weit hier die Entwässerung der Schopflocher Alb in die Tiefe vorangeschritten ist, ein unaufhaltsamer Vorgang von einschneidender Bedeutung, wie Georg Wagner es treffend ausdrückte.

Die Schopflocher Alb gehört wie die gesamte Mittlere Alb zur Kuppenalb. Ihr Kennzeichen ist der Wechsel zwischen flachen Kuppen (widerständige Schwammstotzen und Riffkalke) und Flächen (leicht verwitternde Mergel des Oberjuras). Während auf den Flächen Ackerbau vorherrscht, sind die Kuppen von Laubwald bedeckt oder werden durch Beweiden mit Schafen frei gehalten (Magerwiesen und Wacholderheiden). Die Rotbuche als Charakterbaum der Alb dominiert an den Steilhängen des Albtraufs.

Die Lenninger Lauter hat sich tief in die Alb eingeschnitten. Der Talschluss liegt heute bei Gutenberg.

Das Hasental an der Pfulb ist als Trockental ein Relikt des alten danubischen Flusssystems auf der Alb.

Der Ort Gutenberg im Talschluss der Lauter wurde von den Herzögen von Teck gegründet. Auf dem bewaldeten Bergsporn, der in den Ort hineinreicht, stand einst die gleichnamige Burg. Sie wurde zusammen mit der Burgsiedlung Gutenberg, die um 1360 Stadt- und Marktrecht erhalten hatte, 1385 an Württemberg verkauft. Durch die Entvölkerung im Dreißigjährigen Krieg sank Gutenberg wieder zum Dorf ab. Seit dem 15. Jahrhundert bildete der Ort zusammen mit dem unmittelbar am Albtrauf gelegenen Weiler Krebsstein (am linken Bildrand, Seite 65) und Schopfloch oberhalb des Talschlusses einen Verwaltungsbezirk,

den »Gutenberger Stab«, der im 17. Jahrhundert mit dem »Oberlenninger Stab« vereinigt wurde. Letztendlich sind die drei Siedlungen heute Ortsteile der Gemeinde Lenningen.

Während die Bewohner von Krebsstein und Schopfloch früher überwiegend von der Landwirtschaft lebten, verdienten die Gutenberger wegen der begrenzten Ackerflächen im Tal ihren Lebensunterhalt vor allem durch Handwerk. Hinzu kamen Verdienstmöglichkeiten durch Vorspanndienste an der Gutenberger Steige. Die Karstquellen im Talschluss lieferten das Wasser für vier Bannmühlen, in denen das Getreide der nächsten Dörfer der Albhochfläche gemahlen wurde. Heute pendeln die Menschen der drei Teilgemeinden zur Arbeit ins Tal und Albvorland.

Das obere Lenninger Tal mit seinen Seitentälern ist heute mit 593 Hektar eines der größten Naturschutzgebiete im Regierungsbezirk Stuttgart. Für Besucher ist es durch zahlreiche markierte Wanderwege und Wanderparkplätze erschlossen. Informationstafeln geben Auskunft über die besonderen Sehenswürdigkeiten im Naturschutzgebiet.

Wie lässt sich eigentlich erklären, dass der Neckar und seine Nebenflüsse im Laufe der Zeit den Albtrauf immer weiter nach Südosten zurückverlegt und so tiefe Täler in die Albtafel gegraben haben? Um dies zu beantworten, muss man sich ein wenig in die Zeit des Tertiärs vor etwa 50 Millionen Jahren zurückversetzen. Im Zuge der Auffaltung der Alpen wurde die Erdkruste in Südwestdeutschland aufgewölbt und die dort lagernden Sedimentgesteine dabei leicht schräg gestellt. Dabei bildeten sich zahlreiche Spalten, Klüfte und Verwerfungen. Der Scheitel der Aufwölbung lag im Bereich der heutigen Vogesen und des Schwarzwaldes.

Auf dem obersten Schichtpaket in Südwestdeutschland, dem Oberjura, der damals viel weiter nach Nordwesten reichte als heute, entwickelte sich ein Flussnetz, das die damalige Albhochfläche entsprechend dem Einfallen der Gesteinsschichten nach Südosten Richtung Alpenvorland zur Donau hin entwässerte. Dieses alte danubische Flusssystem wurde nach dem tiefen Einsinken des Oberrheingrabens vor ungefähr 20 Millionen Jahren vom rechtsrheinischen Gewässernetz wegen seines größeren Gefälles gegenüber der Donau angegriffen. Durch rückschreitende

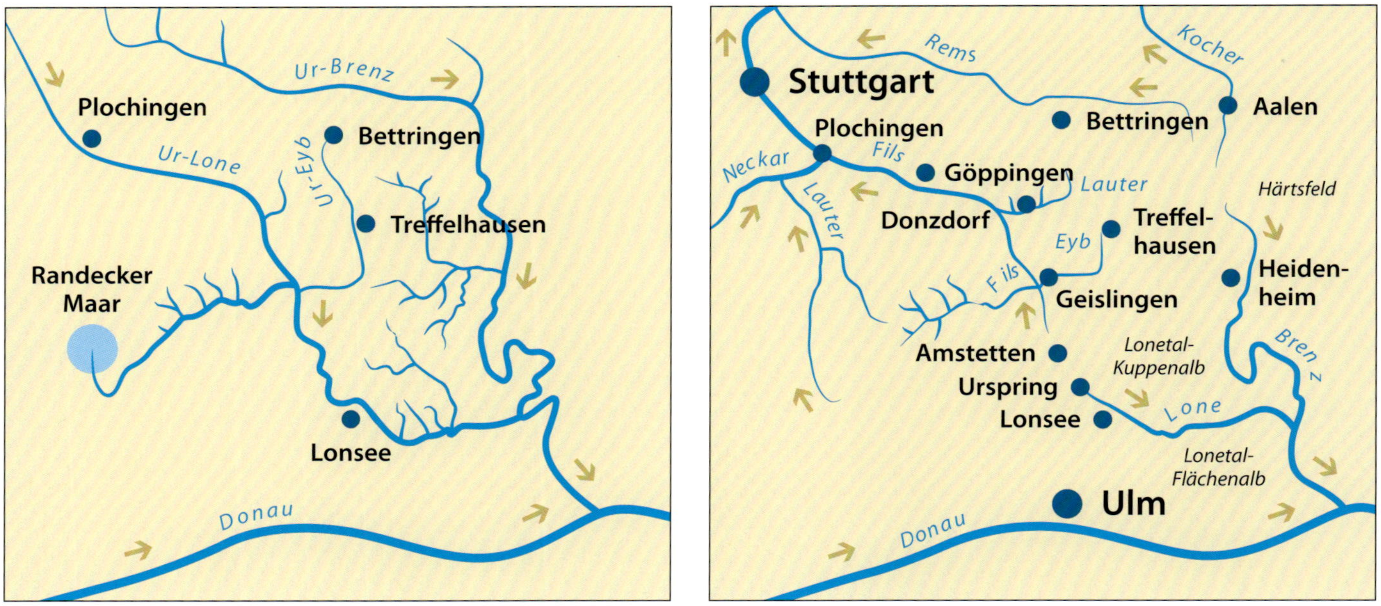

Durch rückschreitende Erosion vergrößert sich das Einzugsgebiet des Rheins auf Kosten des danubischen Flusssystems. Links: Zustand im Pliozän vor etwa 5 Millionen Jahren. Rechts: Zustand heute

Erosion vergrößerte sich das Einzugsgebiet des Rheins ständig auf Kosten des danubischen Flusssystems. Auch die Erosionskraft des Neckars und seiner Zuflüsse profitierten vom Einsinken des Oberrheingrabens.

Ein Vergleich zwischen Neckar und Donau soll dies verdeutlichen. Beide Flüsse entspringen heute nicht allzu weit voneinander entfernt in fast gleicher Höhenlage (670 m und 660 m). Etwa 100 Kilometer vom jeweiligen Ursprung entfernt hat der Neckar sein Flussbett bereits doppelt so tief (auf 260 m) gelegt wie die Donau (auf 480 m). Verbunden mit einer wesentlich größeren Wasserführung als die Donau hat der Neckar durch sein stärkeres Gefälle eine wesentlich stärkere Erosionskraft. Deshalb hat er den Albtrauf kontinuierlich zurückverlegt und besonders entlang von Klüften, Spalten und Verwerfungen tiefe, steilwandige Täler in die Alb geschnitten.

Dadurch verschiebt sich die europäische Rhein-Donau-Wasserscheide langsam nach Südosten. Sie verläuft heute schon südlich des Albtraufs. Die unterirdische Wasserscheide liegt sogar schon einige Kilometer davor, denn das versickernde Wasser folgt im klüftigen Karstgestein dem größeren Gefälle, und das heißt nun mal Richtung Neckar-Rhein. Deshalb treten auch in den tiefen Albtälern der Neckarzuflüsse so viele Quellen aus.

Wie der Kampf um die Wasserscheide zwischen Rhein und Donau das Landschaftsbild prägt, zeigt das Luftbild von der Pfulb auf der Schopflocher Alb (Seite 66/67). In der Bildmitte sehen wir das obere Hasental, ein Trockental, das nach Osten links oben aus dem Bildausschnitt verläuft. Dieses Trockental wurde einst vom westlichsten Nebenfluss der Ur-Lone durchflossen, die in dieser Zeit weite Bereiche der heutigen Mittleren Alb in Richtung Donau entwässerte.

Dieser Lone-Nebenfluss hatte seinen Ursprung unter anderem im Randecker Maar und wurde dort vom damaligen Maarsee gespeist. Er wurde durch die Lenninger Lauter angezapft und im Bereich der heutigen Pfulb (Bildmitte) im wahrsten Sinn des Wortes »aufgeschlitzt«. Das obere Hasental endet heute an der Pfulb abrupt 240 Meter über der Talsohle der Lenninger Lauter. Geologen bezeichnen solche angezapften Täler, die am Albtrauf im Nichts enden, als geköpfte Täler. Das obere Hasental ist heute als Trockental ein Relikt des alten danubischen Flussnetzes auf der Alb.

Der »Schwäbische Vulkan« – Gasexplosionen durchlöcherten die Alb

Eine Besonderheit der Mittleren Alb sind die mehr als 350 Durchschlagsröhren des »Schwäbischen Vulkans«. Das Kerngebiet dieses rund 1800 Quadratkilometer großen ehemaligen Vulkangebietes liegt zwischen Bad Urach und Kirchheim unter Teck. Vor rund 17 bis zehn Millionen Jahren im Miozän, einem Abschnitt des Tertiärs, stieg Magma infolge von Krustenbewegungen (die eventuell mit der Alpenauffaltung zusammenhingen) aus dem oberen Erdmantel aus einer Tiefe von etwa 60 Kilometern in die Erdkruste empor und bildete in 13 bis 20 Kilometern Tiefe größere Zwischenherde aus. Von dort stieg das Magma langsam in Klüften und Spalten des Grundgebirges empor, die sich dabei erweiterten.

Als das Magma schließlich auf Grundwasser traf, kam es zu gewaltigen Wasserdampf-Explosionen. Dabei wurde an vielen Stellen das Deckgebirge zertrümmert und eine Vielzahl von Schloten herausgesprengt. Die Trümmer des durchschlagenen Gesteins fielen zum Teil wieder in die Schlote zurück, wo sie teils durch basaltische Schmelzen, teils durch Ausscheidungen heißer Wässer zu wasserundurchlässigem Basalttuff verkittet wurden. Solche Basalttuffe enthalten Bruchstücke von vielerlei Gesteinen. Sie reichen vom Grundgebirge über Rotliegendes, Buntsandstein, Muschelkalk und Keuper bis zum Jura. Auf der Albhochfläche treten die Sprengkessel der Schlote vor allem als schüsselförmige Vertiefungen, so genannte Maare, in Erscheinung.

Der »Schwäbische Vulkan« weist mehr als 350 Durchschlagsröhren auf.

Das nahezu kreisrunde Randecker Maar ist die größte vulkanische Hohlform der Alb.

Vom Flugzeug aus erkennt man den Krater des Randecker Maares besonders gut, wie das obige Bild zeigt. Der Blick des Fotografen ist nach Südosten ausgerichtet. Das nahezu kreisrunde Randecker Maar ist mit einem Durchmesser von rund 1,2 Kilometern und einer Tiefe von etwa 60 Metern die größte vulkanische Hohlform der Schwäbischen Alb. In seinem Kessel befand sich – wie in vielen anderen Maaren auch – ein See, der sich durch Niederschlag über der wasserstauenden Schlotfüllung gebildet hatte. Am Grund des Maarsees entstand aus den Faulschlammschichten des Seebodens die feingeschichtete Blätterkohle. Diese Sedimente sind reich an Fossilien (Bambus, Zimtbaum, Insekten, Knochenreste von Nashorn, Löwe ...), die Aufschluss über die damaligen Klima- und Lebensverhältnisse geben.

Mit dem Zurückweichen des Albtraufs wurde der Maarsee vom Quellgebiet des heutigen Zipfelbachs angeschnitten und zum Auslaufen gebracht. Da die Ablagerungen des Süßwassersees und der Basalttuff des Vulkanschlotes weicher waren als die anstehenden Oberjura-Kalke, räumte der Zipfelbach den Maarsee zu seiner jetzigen Form aus. Heute entspringen im Randecker Maar 20 Quellen. An den Baumreihen im Zentrum des Kraters erkennt man die Bachläufe, die das Maar zum Zipfelbach (linker Bildrand) hin entwässern.

Obwohl zur Hauptvegetationszeit (Aufnahmezeitpunkt des Bildes: Ende Mai) ein einheitliches Grün den Maarkessel beherrscht, lässt sich auf dem Luftbild die Grenze zwischen der Schlotfüllung aus wasserundurchlässigem Basalttuff und dem umgebenden Oberjura-Gestein am Relief des Kessels erkennen. Im Zentrum des Kessels beobachtet man ein ausgeglichenes, ruhiges Relief. Der Kesselrand dagegen weist ein steiles, unruhiges Relief mit Buckelwiesen auf und ist von zahlreichen Büschen und Baumgruppen durchsetzt. Darüber hinaus sind die oberen Hänge des Kessels mit Steinblöcken des Oberen Juras delta und epsilon übersät. Sie sind nach Ausbruch des Gasvulkans von oben her in den Schlot abgesunken und bei der Abtragung des weicheren Tuffs wieder aus ihrer Umgebung herauspräpariert worden.

Die Fettwiesen im Zentrum des Maarkessels sind heute Rinderweiden. Die Trockenrasen des Kesselrandes werden dagegen mit Schafen beweidet. Um diese Schafweiden am Kraterrand mit ihrer charakteristischen Pflanzen- und Tierwelt zu erhalten, werden im Rahmen von regelmäßigen Pflegemaßnahmen aufkommende Bäume und Sträucher entfernt. Das Randecker Maar wurde als bedeutendes erdgeschichtliches Dokument bereits 1971 zum Naturschutzgebiet erklärt. 1982 kam die Zipfelbachschlucht mit ihrer typischen Schluchtwaldvegetation hinzu.

Auch das Schopflocher Moor hat – wie das Randecker Maar – seine Entstehung dem »Schwäbischen Vulkan« zu verdanken. Denn wie hätte sich sonst auf der verkarsteten Albhochfläche ein Hochmoor bilden können? Es ist übrigens das einzige echte Hochmoor auf der Schwäbischen Alb. Ein Vulkanschlot von 750 Metern Durchmesser, der hier in einer flachen Mulde im Albkörper steckt, schuf durch seinen verwitterten, wasserstauenden Basalttuff die Voraussetzung dafür.

Auf dem »Wasserboden« dieser abflusslosen Senke sammelte sich das Niederschlagswasser und bildete schließlich einen flachen Maarsee. Nach der letzten Eiszeit verlandete dieser See vermutlich im Zuge der damaligen Klimaerwärmung. An seiner Stelle bildete das schnellwüchsige Torfmoos (Sphagnum) im Laufe der Zeit ein Hochmoor, das sich in seiner feuchteren Mitte uhrglasförmig aufwölbte. Daher rührt die Bezeichnung Hochmoor, die nichts mit der Höhenlage des Schopflocher Moores auf 755 Metern zu tun hat.

Von dem ursprünglich rund 15 Hektar großen Hochmoor mit seiner bis vier Meter dicken Torfschicht sind nur noch ein kläglicher Rest von zwei kleinen Hügeln übrig geblieben. Alles andere wurde im 18. und 19. Jahrhundert abgestochen und als Torfbriketts zu verschiedenen Zwecken verheizt. Es ist das Verdienst des Schwäbischen Albvereins, dass die völlige Zerstörung dieses auf der Alb einmaligen Moorgebietes verhindert werden konnte. Es gelang ihm, mit staatlicher Unterstützung Zug um Zug einen Großteil des Moores zu erwerben. 1942 wurde es unter Naturschutz gestellt und dieses 1983 auf rund 50 Hektar erweitert.

Da der Nährstoffeintrag aus den umliegenden Feldern Probleme bereitet, ist an eine nochmalige Erweiterung des Schutzgebietes gedacht. Übrigens konnte man in den Torfschichten des Schopflocher Moores mit Hilfe der Pollenanalyse die Entwicklung der Vegetation auf der Mittleren Alb seit der letzten Eiszeit rekonstruieren. So konnte unter anderem nachgewiesen werden, dass die heute vorherrschende Rotbuche erst seit etwa 2500 v. Chr. auf der Alb heimisch ist.

Das Schopflocher Moor liegt knapp einen Kilometer südlich des Randecker Maares auf der Schopflocher Halbinsel. Im Herbst lässt sich durch die unterschiedliche Färbung der Vegetation diese Moorlandschaft am besten von ihrer verkarsteten Umgebung aus Oberjura gamma abgrenzen. Die braune Fläche in der Bildmitte unten markiert etwa die ursprüngliche Ausdehnung des Hochmoores. Die braune Farbe rührt von den abgestorbenen Halmen der Riedgräser her. Sie bildet einen starken Kontrast zum satten Grün der landwirtschaftlich genutzten Umgebung. Die unterschiedlichen Brauntöne des Moores rüh-

Das Schopflocher Moor (»Torfgrube«) hat seine Entstehung dem »Schwäbischen Vulkan« zu verdanken.

Die Limburg ist ein aus den weichen Schichten des Mittleren Juras herauspräparierter Vulkanschlot.

ren von den hier vorkommenden verschiedenartigen Pflanzenformationen (Schilfbestände, Glatthaferwiesen, Pfeifengraswiesen ...) her.

Eingesprenkelt ins Moor sind zahlreiche Einzelbäume und Baumgruppen. Es sind vor allem Moorbirken, vereinzelt Hängebirken und Weidenbüsche. Im Zentrum des Moores liegt ein kleines Wäldchen aus Kiefern, Moorbirken, Zitterpappeln, Ebereschen und Weiden, die auf den restlichen beiden Torfhügeln stocken. Als Krautschicht gedeihen darunter Heidelbeeren, Heidekraut, Roter Fingerhut und Weidenröschen, alles Pflanzen, die auf kalkfreien, sauren Böden zu Hause sind. Oberhalb des Moores liegt das Gehöft »Torfgrube« und rechts davon das Otto-Hofmeister-Haus, das 1927 an der Stelle des ehemaligen Torfhauses errichtet wurde.

Heute beherbergt das Gebäude einen Landgasthof mit Pension. Die rechtwinklige Anlage der Parzellen um das Schopflocher Moor und das asphaltierte Wegenetz weisen auf die Flurbereinigung hin, die in den 70er-Jahren des letzten Jahrhunderts durchgeführt wurde. In diesem Zusammenhang verlegte man auch den 600 Meter langen Holzbohlenweg durchs Moor, um die Besucherströme in dem stark frequentierten Naturschutzgebiet zu lenken. Der Weg ist als weiße Linie auf dem Luftbild zu sehen.

Der größte Teil des heutigen Schopflocher Moores wird von einem Flachmoor eingenommen, das bis Anfang des 20. Jahrhunderts als Streuwiese genutzt wurde, das heißt, hier geerntetes Heu wurde zum Einstreuen in Viehställen verwendet. Heute müssen die ehemaligen Streuwiesen regelmäßig gemäht und das Mähgut entfernt werden, um zum einen die Fläche offen zu halten und zum anderen, um Nährstoffanreicherungen im Boden zu verhindern, die ohne diese Maßnahmen im Laufe der Zeit die charakteristische Vegetation der Streu- und Feuchtwiesen verändern würden. Einzelne frisch gemähte Streuwiesenflächen sind auf dem Bild an ihrer hellen Farbe zu erkennen. Auch heute noch fließt das überschüssige Niederschlagswasser aus dem Moor heraus. Die von Feuchtwiesen eingenommenen Abflussrinnen sind an ihrer dunklen Farbe deutlich zu erkennen. Sie münden in zahlreichen Lösungsdolinen am Rande des Naturschutzgebietes.

Die Schlote des »Schwäbischen Vulkans«, deren Kraterwälle und Tuffdecken ja längst abgetragen sind, bilden je nach ihrer Lage unterschiedliche morphologische Erscheinungsformen. Auf der Albhochfläche treten sie – wie das Beispiel Schopflocher Moor zeigt – meist als flache Senken oder Mulden in Erscheinung. Vor dem Albtrauf dagegen fallen sie als regelmäßig geformte Kegelberge ins Auge.

Die Limburg bei Weilheim an der Teck (Bild links oben) ist einer der markantesten von ihnen. Mit einer Höhe von 597 Metern überragt sie das Albvorland um knapp 200 Meter. Trotz seiner Kegelform handelt es sich nicht – wie manche vermuten – um einen Schichtvulkan, sondern wie auch bei den kleineren Bühlen oder Böllen um einen durch Verwitterung und Erosion aus den weicheren Schichten des Mittleren Juras herauspräparierten Stumpf eines ehemaligen Vulkanschlotes. Mit etwa 600 Meter Durchmesser bildet er heute die Kuppe der Limburg, während

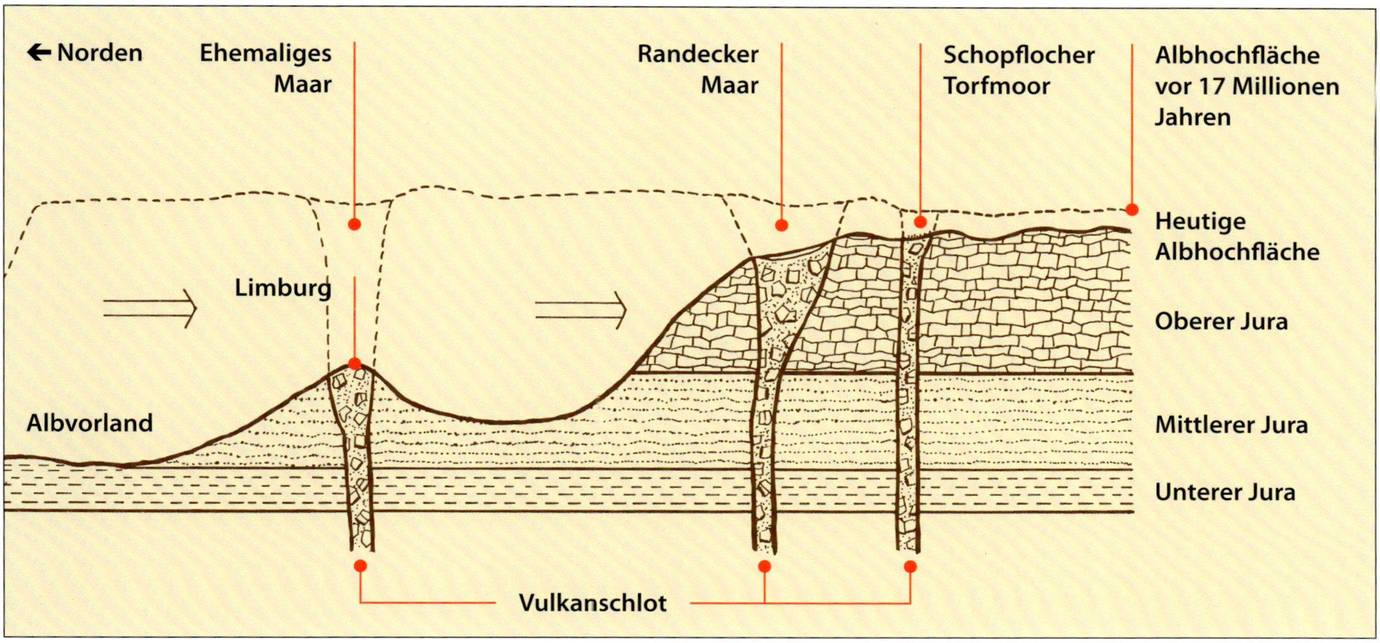

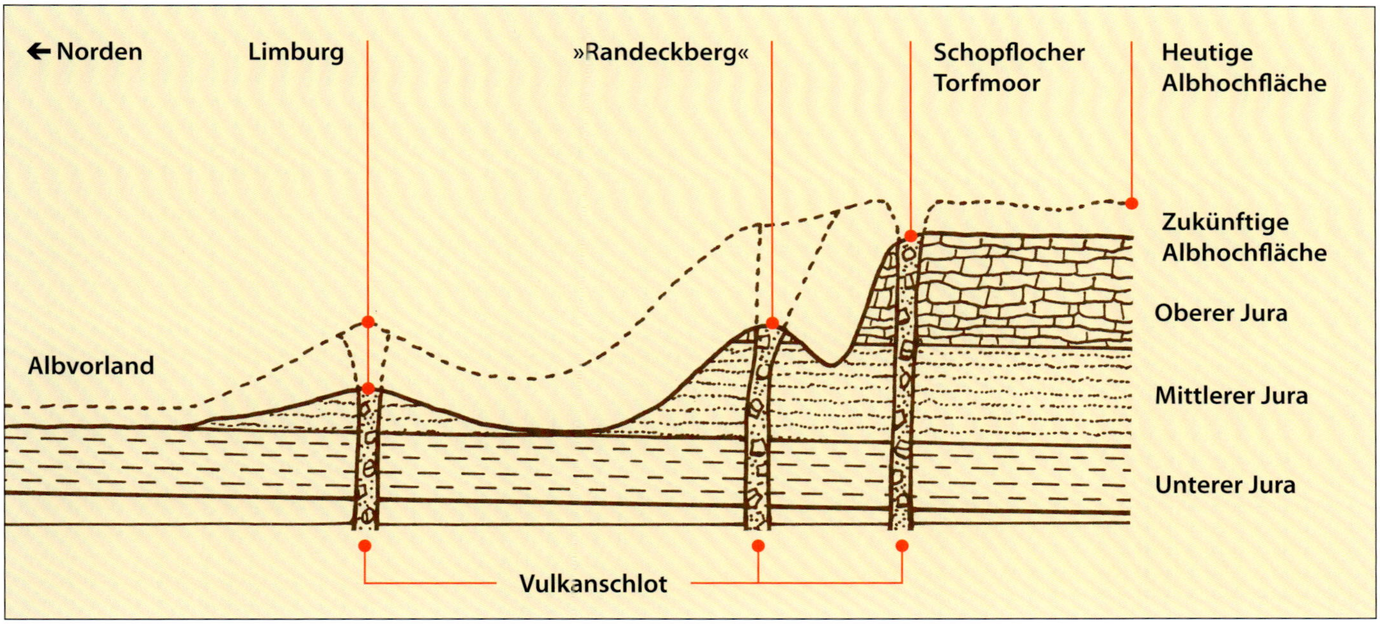

Oben: Profil vom Albvorland zur Schopflocher Alb heute. Unten: Profil vom Albvorland zur Schopflocher Alb in einigen Millionen Jahren (Prognose)

die Flanken des Berges vom Opalinuston des Mittleren Juras alpha bedeckt sind. Man muss sich vorstellen, dass sich der ehemalige Krater der Limburg ursprünglich ungefähr 200 Meter höher im Oberjura-Gestein befand.

Geologen sprechen in diesem Zusammenhang – wie schon erwähnt – von Reliefumkehr. Woher man das weiß? Im Basalttuff des Limburger Vulkanschlotes stecken unter anderem bis zu 20 Meter große Gesteinsbrocken aus Oberjura. Sie beweisen, dass die Albhochfläche sich zur Zeit des Vulkanausbruchs bis zur heutigen Limburg erstreckt haben musste. Ja, sie reichte noch wesentlich weiter nach Norden bis vor die Tore Stuttgarts wie Oberjura-Gesteinsbrocken im Vulkanschlot im Körschtal bei Ostfildern-Scharnhausen belegen.

Drei unterschiedliche Erscheinungsformen des »Schwäbischen Vulkans« auf einem Bild: Schopflocher Moor (Vordergrund), Randecker Maar (Mitte), Limburg (Hintergrund)

Reizvoll ist die Vorstellung, wie sich die Oberflächenformen im Bereich des »Schwäbischen Vulkans« zwischen der Limburg im Norden, dem Randecker Maar und dem Schopflocher Moor südlich davon in einigen Millionen Jahren entwickelt haben könnten. Die Profile sollen diese gewagte Prognose veranschaulichen: Die Limburg ist zu einem kleinen Bühl »geschrumpft«. Das Randecker Maar steht als »Randeckberg« vor dem Albtrauf. Und das Schopflocher Moor befindet sich geomorphologisch in der Situation wie heute das Randecker Maar.

Die Limburg ist jedoch nicht nur erdgeschichtlich interessant. Auffallend ist auch die zonale Gliederung der Vegetation an diesem Berg (Seite 72). Auf dem Basalttuff der Bergkuppe entwickelte sich aufgrund jahrhundertelanger Schafbeweidung ein Kalk-Magerrasen, der von einzelnen Weidbuchen, Feldahornen und Linden bestanden ist. Darunter schließt sich ein Buschwaldgürtel an, der an der Südseite von Weinbergen unterbrochen wird. Die zu Rutschungen neigenden Hänge im unteren Bereich der Limburg werden von Streuobstwiesen eingenommen. Das im April aufgenommene Bild veranschaulicht die klimatischen Unterschiede zwischen Albvorland und Albhochfläche. Während im Vorland die Baumblüte bereits in vollem Gange ist, sind die Buchenwälder am Trauf noch mit Raureif überzogen. Zwei bis drei Wochen später als im Albvorland hält der Frühling dort oben auf der Alb seinen Einzug.

Die Limburg hat auch kulturgeschichtliche Bedeutung. Ihr Name und der abgeflachte Berggipfel weisen darauf hin. Um das Jahr 1060 errichtete Berthold I. von Zähringen – im 11. Jahrhundert war das nahe Weilheim Hauptsitz des Zähringergeschlechts – auf dem Weilheimer Hausberg eine Burg, die Lintburg. Sie zerfiel aber bereits im 12. Jahrhundert wieder. Die im 15. Jahrhundert auf deren Fundamenten errichtete Michaelskapelle wurde während der Reformation zerstört. Wer sich ein Bild von der ersten Zähringerburg auf der Limburg anschauen möchte, dem sei ein Besuch der spätgotischen Peterskirche in Weilheim empfohlen. Auf dem Stifterbild im Chor der Kirche wird er fündig. Wegen seiner wunderschönen Wandmalereien und der prächtigen Kanzel lohnt ein Besuch der Kirche allemal.

Burgen – Landmarken am Albtrauf

Die Schwäbische Alb gehört zu den burgenreichsten Landschaften in Deutschland. Dort befinden sie sich in exponierter Lage auf Zeugenbergen oder direkt am Albtrauf und an den Felskanten der tief eingeschnittenen Täler. Sie sind als regelrechte Landmarken weithin sichtbar. Nicht nur die strategisch günstige Lage war ausschlaggebend für die hohe Burgendichte, sondern auch der Umstand, dass durch Zersplitterung adeligen Besitzes auf kleinstem Raum viele unterschiedliche Herrschaftsbereiche aneinander grenzten, die es zu verteidigen oder gar auszubauen galt. Aber nicht nur der Hochadel, sondern auch Ritter und Ministerialen aus den unteren Adelsschichten errichteten Burgen und trugen so zur Burgenkonzentration in den genannten Bereichen mit bei. Drei Höhenburgen im Bereich der Mittleren Alb sollen im Folgenden exemplarisch vorgestellt werden.

Über dem Talschluss der Lindach im Neidlinger Tal ragt eine der kühnsten Albburgen empor. Imponierend, wie es den Baumeistern im Mittelalter gelang, das Mauerwerk der Burg mit den senkrecht abstürzenden Felsen so formvollendet zu verschmelzen.

Die Burg Reußenstein hat eine wechselvolle Geschichte hinter sich. Am Aufgang zur Kernburg informiert eine Tafel kurz und prägnant über die wichtigsten Fakten seiner Geschichte:

»Der Reußenstein wurde vermutlich gegen Ende des 13. Jahrhunderts erbaut. 1340 verkaufte der Sohn des ersten bekannten Besitzers, Diethoh von Kirchheim-Stein, die Burg an seine Vettern Konrad und Heinrich Reuß. Obwohl die Familie Reuß die Burg nur 30 Jahre besaß, blieb der Name für immer mit ihr verbunden. Nach 1371 wechselte der Reußenstein elfmal den Besitzer. 1441 wurde er an die Grafen von Helfenstein verkauft, in deren Besitz die Burg bis zum Jahre 1627 verblieb.

Auf dem Burgfelsen liegt die Kernburg des Reußensteins. Darunter die Unterburg

1642 kam der Reußenstein an Bayern und Fürstenberg, 1806 an Württemberg. 1862 erwarb das württembergische Königshaus die Ruine, die es 1964 an den Landkreis Nürtingen verkaufte. Seit dem 16. Jahrhundert unbewohnt und verfallen, wurde der Reußenstein in den Jahren 1965 und 1966 mit Hilfe des Landes Baden-Württemberg, der Kreissparkasse und vieler freiwilliger Helfer aus Neidlingen und der näheren Umgebung restauriert.«

Aus der – zugegebenermaßen etwas ungewöhnlichen Perspektive des Luftbildfotografen – lassen sich auf Seite 75 die für eine mittelalterliche Burg des 13./14. Jahrhunderts charakteristischen Merkmale besonders gut ablesen. Die gesamte Burganlage des Reußensteins lässt sich in drei Bereiche gliedern: Die Kernburg oder Oberburg liegt auf dem freistehenden Burgfelsen. Sie ist durch eine tiefe Randkluft, den so genannten Halsgraben, von der Albhochfläche getrennt. Darunter erkennt man die restaurierte Unterburg, bestehend aus den Stümpfen zweier Wehrtürme, einer Zisterne sowie Resten von Wirtschaftsgebäuden und einem Gewölbekeller. Oberhalb der Kernburg, vom Wald verdeckt, stand auf der Albhochfläche die ehemalige Vorburg. Hier befand sich die Landwirtschaft zur Versorgung der Burgbewohner. Heute sind von ihr nur noch Graben und Schutzwall vorhanden.

Grundriss der Kernburg des Reußensteins

Die Kernburg mit Bergfried und Palas ist der älteste noch erhaltene Teil der ursprünglichen Ritterburg. Sie stammt noch aus der späten Stauferzeit. Unter den Helfensteinern wurde die Burg im 14./15. Jahrhundert um- und weiter ausgebaut. Der Palas war das Wohngebäude der Ritterfamilie und ihrer unmittelbaren Bediensteten. In diesem ursprünglich fünfgeschossigen Gebäude befanden sich der Rittersaal, die Kemenate (ein mit Kamin versehener Wohnraum), die Burgkapelle, die Küche sowie Wohn- und Arbeitsräume der Bediensteten.

Die Ostwand des Palas ist als Schildmauer gegen die Albhochfläche (Angriffsseite) mit zwei Metern Dicke am stärksten aufgeführt. Die Südwand (rechts) ist 1,7 Meter dick, die dem Tal zugewandte Westwand ist dagegen nur 1,15 Meter stark, da ja von dort kein Beschuss drohte. Auf der Ost- und Südwand verlief der Wehrgang im obersten Stockwerk. Er ist an der Südwand oben am Mauerabsatz noch zu erkennen.

An höchster Stelle der Kernburg ragt der Bergfried mit nahezu quadratischem Grundriss heute noch rund 16 Meter empor. Ursprünglich war er um einige Meter höher. Von dort konnte der Wächter vor anrückenden Feinden warnen. Das östliche Vorfeld der Burganlage war damals unbewaldet. Der Bergfried war bei der Erstürmung der Kernburg der letzte Zufluchtsort für die Bewohner.

Die Burgruine Reußenstein, wie sie sich von einem Aussichtsfelsen präsentiert

Daher rührt auch die Redewendung: »Sie sind getürmt!« Der Eingang in den Bergfried lag aus Sicherheitsgründen sehr hoch und konnte nur vom Wehrgang aus erreicht werden. Im Sockel des Bergfrieds befand sich das Verlies, in dem Gefangene untergebracht wurden. Die lang gestreckte restaurierte Brüstungsmauer zwischen Kern- und Unterburg mit den drei Aussichtskanzeln zeigen noch einen Teil des ursprünglichen Zugangs zur Kernburg.

Der Reußenstein ist die einzige noch erhaltene Ruine von ehemals sechs Höhenburgen im Neidlinger Tal. Und so wie oben präsentiert sich der Reußenstein dem Traufgänger von einem der Aussichtsfelsen über dem Tal.

Die Burgruine Hohenneuffen (Seite 78) liegt 734 Meter hoch auf einem Bergsporn, der über einen schmalen Sattel mit der Albhochfläche der Erkenbrechtsweiler Halbinsel verbunden ist. Diese Hochadelsburg ist eine der geschichtsträchtigsten Baudenkmäler der Mittleren Alb.

Erbaut wurde sie vermutlich im 11. Jahrhundert und war daraufhin 200 Jahre lang Mittelpunkt der Herrschaft derer »von Neuffen«. Im 13. Jahrhundert gehörten die Herren von Neuffen zu den einflussreichsten Adelsgeschlechtern, die als treue Anhänger der Staufer eine wichtige Rolle in der Reichspolitik spielten. Um 1230 gründeten sie die Stadt Neuffen am Fuß der Burg. Der bekannteste Vertreter der Herren von Neuffen war der Minnesänger Gottfried von Neuffen. Eine Rebellion gegen den Stauferkaiser Friedrich II. leitete den Niedergang der Herren von Neuffen ein. 1301 gingen Burg und Stadt an Graf Eberhard den Erlauchten von Württemberg über.

Ab dem 14. Jahrhundert ging die Epoche der Burgen zu Ende. Die fortlaufende Modernisierung der Waffentechnik stellte die Burg-

Die mittelalterliche Burg Hohenneuffen wurde später zur württembergischen Landesfestung ausgebaut.

herren vor die Alternative, entweder die als Wohn- und Wehrbau veralteten Burgen aufzugeben oder sie – die neuen Waffen- und Belagerungstechniken berücksichtigend – zu Festungen aus- und umzubauen. Viele Burgherren, vor allem die des niederen Adels, konnten sich die immensen Kosten für Ausbau und Modernisierung ihrer Burgen nicht mehr leisten und gaben auf. Ein regelrechtes »Burgensterben« setzte ein. Auch die Grafen von Württemberg konzentrierten sich aus Kostengründen auf die Burgen in strategisch wichtiger Lage und bauten sie zu militärischen Festungsanlagen aus. So wurden neben Hohenasperg im Neckarland auf der Alb Hohenneuffen und Hohenurach mit großem finanziellem Aufwand zu Landesfestungen ausgebaut, die sie dann bis ins 18. Jahrhundert auch blieben. In dieser Zeit erlangte der Hohenneuffen auch als Staatsgefängnis traurige Berühmtheit.

1801 wurde die Festung Hohenneuffen durch herzogliches Dekret zum Abbruch freigegeben. Das hatte zur Folge, dass sie bis in die 30er-Jahre des 19. Jahrhunderts den benachbarten Gemeinden als willkommener Steinbruch diente. Dann konnte die weitere Zerstörung gestoppt werden. 1948 trafen sich auf dem Hohenneuffen die Ministerpräsidenten von Württemberg-Baden, Württemberg-Hohenzollern und Südbaden, um über die Bildung eines einheitlichen Südweststaates, dem heutigen Baden-Württemberg, zu beraten. Heute ist

der Hohenneuffen ein attraktives Ausflugsziel, von dem man einen umfassenden Rundblick auf den Albtrauf und das Albvorland genießt. Ein Restaurant und zahlreiche kulturelle Veranstaltungen im Burghof laden den Sommer über zu längerem Verweilen ein.

Von der ursprünglichen mittelalterlichen Burg auf dem Felsplateau sind noch Teile der Ring- und Schildmauer vorhanden. Alle anderen Bauwerke, wie Türme, Bastionen und Kasematten, stammen aus der Ausbauzeit zur Landesburg (14./15. Jahrhundert) und zur Landesfestung (1543 bis 1735).

Unmittelbar am Fuß des Hohenneuffens liegt in einer von der Steinach und ihren Zuflüssen geschaffenen Bucht des Albtraufs das Städtchen Neuffen. Die Geschichte von Neuffen ist eng mit der Geschichte des Hohenneuffens verbunden und soll deshalb hier nicht erneut dargelegt werden. Wenden wir uns also dem historischen Stadtkern von Neuffen zu. Auf dem Luftbild (Seite 80) fällt sofort der noch vorhandene mittelalterliche Grundriss der Altstadt mit dem eiförmigen Mauerring auf. Die Stadtmauer wurde unmittelbar nach der Stadterhebung 1232 gebaut. Ihr Verlauf ist vor allem an der Ausrichtung der an und auf der Mauer gelegenen Häuser gut zu verfolgen.

Im Dreißigjährigen Krieg brannten kaiserliche Truppen während der Belagerung der Burg Hohenneuffen 1634 fast die gesamte Altstadt nieder. Erhalten blieben die an der Stadtmauer gelegenen ehemaligen Adelssitze, das so genannte Große Haus und das Melchior-Jäger-Schloss. Beide Gebäude lassen sich auf dem Bild leicht identifizieren.

Das Große Haus steht im Bildvordergrund unmittelbar auf der Stadtmauer. Es hebt sich durch seine Höhe, das steile Satteldach und seine graue Farbe deutlich von der Umgebung ab. Der gotische Steinbau wurde im 14. Jahrhundert als befestigter Stadtsitz der Rittersfamilie Schilling von Cannstatt erbaut. Heute befinden sich in dem Gebäude Stadtbücherei und Stadtmuseum.

Nur wenige Meter links vom Großen Haus steht das Melchior-Jäger-Schloss. Man erkennt es an seinem T-förmigen Grundriss mit dem gewaltigen roten Dach, das an der Stadtmauerseite durch zwei Zeltdächer gegliedert wird. Umgeben ist das schlossartige Gebäude von großen Bäumen. Erbauer dieses herrschaftlichen Renaissancebaus war 1590 Melchior Jäger, Sohn des damaligen Vogtes von Neuffen.

Den Stadtbrand von 1634 überstanden hat – wenn auch schwer beschädigt – die gotische Pfarrkirche St. Martin, eine dreischiffige Rundpfeilerbasilika aus dem 14. Jahrhundert. Weitere bemerkenswerte Gebäude in der Altstadt aus der Zeit nach der Zerstörung sind

Der mittelalterliche Grundriss von Neuffen sowie einige Gebäude haben den Stadtbrand von 1634 überstanden.

das im Stadtzentrum gelegene frühbarocke Rathaus von 1657 und der große Fruchtkasten, der 1654 wieder aufgebaut wurde. Auf dem Bild erkennt man ihn direkt hinter dem Turm der Stadtkirche. Links von der Kirche sieht man das mächtige Walmdach der 1760 erbauten Kelter. Als letzte der ehemals vier Keltern von Neuffen erinnert sie daran, dass der Weinbau ehemals der Haupterwerbszweig der Neuffener war.

Der Teckberg (Seite 81) ist ein etwa zwei Kilometer langer Auslieger, der nur noch durch den tief eingekerbten Sattelbogen (am rechten Bildrand) mit der Albhochfläche verbunden ist. Im Vergleich zum umliegenden Albtrauf schiebt sich der Bergrücken der Teck auffallend weit ins nördliche Albvorland vor. Dies hat zwei Gründe: Zum einen erschweren die an der Stirnseite des Teckberges herauspräparierten Vulkanschlote die Abtragung. Zum andern liegt die Teck in einem tektonischen Graben, so dass hier die Oberjura-Gesteine um 50 bis 70 Meter tiefer liegen als auf der dahinter liegenden Ochsenwanger Albhochfläche mit dem Breitenstein.

Dies hat zur Folge, dass die tiefer liegenden Bereiche innerhalb des Grabenbruchs langsamer abgetragen werden als die höher liegenden außerhalb des Grabens. Bei diesem Grabenbruch handelt es sich übrigens um die Fortsetzung des »Fildergrabens« zwischen Schönbuch und Schurwald in den Albkörper zwischen Jusiberg und Teck hinein. Beide geologischen Phänomene, Grabenbruch und widerständigere Vulkanschlotfüllungen sind also dafür verantwortlich, dass die Teck heute so weit ins Albvorland vorspringt.

Nach diesem Exkurs in die Geomorphologie kommen wir zurück zur Burgruine Teck. Am höchsten Punkt des Teckberges in 775 Metern Höhe erhebt sich 400 Meter über dem Talgrund auf einem Felsklotz aus Oberjura delta die Burgruine Teck. Sie ist durch ihre exponierte Lage eines der Wahrzeichen der Mittleren Alb. Die Burg Teck, 1152 erstmals in einem Vertrag zwischen dem Stauferkönig Friedrich Barbarossa und Herzog Berthold IV. von Zähringen genannt, war knapp zwei Jahrhunderte lang Mittelpunkt der Herrschaft Teck und Sitz der Herzöge von Teck. Sie waren nach dem Aussterben der zähringischen Hauptlinie und der Staufer Schwabens ranghöchste Herren, noch vor den Grafen von Württemberg.

Der Höhepunkt ihrer Macht war die Wahl von Herzog Konrad II. zum deutschen Kaiser nach dem Tod Rudolfs von Habsburg 1292. Er starb jedoch, bevor er gekrönt werden konnte. Danach ging es mit dem Herzogtum Teck bergab. Dies hatte zur Folge, dass die Württemberger peu à peu bis 1381 in den Besitz der Teckburg kamen. 1495 erhielt Graf Eberhard vom Kaiser die Herzogswürde und durfte sich von da an »Herzog zu Württemberg und Teck« nennen.

1523 wurde die Burg von aufständischen Bauern zerstört. Ihr geplanter Ausbau zur Festung im 18. Jahrhundert konnte wegen des plötzlichen Todes des Bauherrn Herzog Carl Alexander von Württemberg nicht verwirklicht werden. Die württembergische Regierung erlaubte daraufhin den Abbruch der vorhandenen Gebäude. Die Teck blieb von diesem Zeitpunkt an Ruine.

Als der Bau des Aussichtsturmes auf der Teck von dem Kirchheimer Verschönerungsverein 1888 finanziell nicht zu schultern war, sprangen die benachbarten Verschönerungsvereine ein. Auf Anregung von Valentin Salzmann vom Esslinger Verschönerungsverein kam es noch im selben Jahr in Plochingen zur Gründung des Schwäbischen Albvereins. Der Teckturm konnte 1889 fertig gestellt werden. 1941 kaufte der Schwäbische Albverein die Burganlage und baute sie in den 50er-Jahren des letzten Jahrhunderts zum Wanderheim aus, auch der Aussichtsturm wurde dabei – architektonisch jedoch nicht zu seinem Vorteil – umgestaltet. Seit 1999 ist der gesamte Teckberg als Naturschutzgebiet ausgewiesen.

Die Burgruine Teck erhebt sich auf einem Ausliegerberg, dem Teckberg. Unterhalb der Ruine öffnet sich die Sibyllenhöhle.

Schwerpunktthema:
Aus den Gärten in die Landschaft – Obstbäume kontra Rebstöcke

»Es betritt kein Fremder das wirtembergische Land, ohne über die Obstwälder zu staunen, die unabsehbar die Täler füllen, die Hügel überkleiden – ein wonniglicher Anblick im bräutlichen Maienschmuck wie im Fruchtsegen des Herbstes.« Was der Geograf und Botaniker Robert Gradmann Ende des 19. Jahrhunderts so treffend beschreibt, trifft nicht nur für das mit Obstbäumen gesegnete Unterland zu. Auch die Schwäbische Alb hat an ihrem Nordrand großflächige Obstwiesen aufzuweisen.

Dies gilt insbesondere für das Gebiet der Mittleren Schwäbischen Alb zwischen Geislingen und Reutlingen mit ihren tief eingeschnittenen Tälern und weitläufigen sanften Hügeln im Vorland.

Wie den Weinbau brachten die Römer auch den Obstbau hierher zu uns ins Land. Plinius der Ältere (24–79 n. Chr.) stellte fest: » In Germanien gibt es wildes Obst von wenig angenehmem Geschmack und dazu schärferem Geruch. Ganz besonders wegen seiner übermäßigen Herbheit tadelt man es, und seine Wirkung ist so groß, dass sie die Schärfe eines Schwertes abstumpft.« Dieses »Wildobst«, gepflanzt von den Germanen in der Nähe ihrer Behausungen, konnte mit den feineren von den Römern gepflanzten Kultursorten geschmacklich nicht mithalten. So hat sich römisches Erbe bis heute erhalten und bereichert unsere Landschaft und unseren Speisezettel.

Im Mittelalter wurde Obstbau vorwiegend als Gartenkultur in eingezäunten Baumgärten in der Nähe der Siedlungen betrieben. Erst im 18. und 19. Jahrhundert dehnten sich, mit Förderung durch die Landesherren, allen voran Herzog Carl Eugen, die hochstämmigen Baumpflanzungen mehr und mehr in die freie Landschaft aus, zunächst entlang von

Neidlinger Tal mit seinen ausgedehnten Streuobstwiesen vor der Kulisse des Albtraufs

Links oben: Vom Erzeuger direkt zum Verbraucher. Rechts oben: Blick über Hepsisau auf herbstliche Obstwiesen an Braunfirst und Limburg. Links unten: In Sichtweite des Hohenneuffen liegen die Beurener Weinberge. Rechts unten: Streuobstwiese im Ermstal am Calwer Bühl, einem ehemaligen Vulkanschlot

Straßen und Wegen sowie auf gemeindlichen Allmenden.

Heute ist kaum mehr vorstellbar, dass die weite Streuobstwiesenlandschaft am Fuße der Schwäbischen Alb zwischen Geislingen und Reutlingen bis vor etwa 150 Jahren überwiegend aus Weinbergen bestand. Erst als der Weinbau durch starken Reblausbefall zum Erliegen kam, wurden die Hanglagen des Albvorlandes mit Obstbäumen bepflanzt und es entstanden die bis heute typischen »Obstwälder«.

Bis auf den heutigen Tag Weinberge geblieben sind nur noch ganz bescheidene Flächen an den sonnigen Braunjura-Hängen zum Beispiel im Ermstal, im Neuffener Tal und an der Limburg bei Weilheim. Die Weinanbaugebiete reichen hier bis auf eine Höhe von 500 Metern und gehören somit zu den höchstgelegenen Weinanbaugebieten Deutschlands.

Oben: Alter Birnbaum. Unten: Freilichtmuseum Beuren umgeben von Streuobstwiesen. Im Hintergrund der Teckberg mit dem Gelben Fels

Der heute allgemein verbreitete Begriff Streuobstwiese entstand erst in den 1970er-Jahren. Er ist bei weitem nicht so alt wie diese Anbauform selbst, bei der mehr oder weniger locker in die Landschaft »gestreute« hochstämmige, großkronige Obstbäume charakterbildend sind. Hierin besteht ein wesentlicher Unterschied zu den geschlossenen Formationen von Intensivanlagen. Kennzeichnend sind auch ihre große Arten- und Sortenvielfalt. Mitte des 19. Jahrhunderts, zur Zeit als Eduard Lucas das Pomologische Institut in Reutlingen leitete, soll es in württembergischen Landen über 1500 Apfelsorten gegeben haben. Aus den verschiedenen Obstarten und -sorten entstanden so regelrechte Obstwälder mit einer großen genetischen Variabilität.

»Die Baumzucht verschafft denjenigen, die sich damit bemühen, einen angenehmen Teil ihrer Nahrung. Sie gereicht zur Zierde des Landes, zur Reinigung der Luft, zum Schutz und Schatten und hat überhaupt in vielen anderen Dingen ihren trefflichen Nutzen, zur Nothdurft zur Lust und Bequemlichkeit des Lebens für Menschen und Thiere.« Diese von Johann Caspar Schiller, dem Vater Friedrich Schillers, stammende umfassende Betrachtungsweise mutet aus heutiger Sicht sehr modern an.

Neben den primären Funktionen des Streuobstbaus, der Obsterzeugung und Grünfuttergewinnung und seiner prägenden Einflüsse auf das Landschaftsbild, treten heute die Wohlfahrtsleistungen für die Allgemeinheit immer stärker in den Vordergrund. Der hohe biologisch-ökologische Wert mit den Funktionen Artenschutz, Biotopverbund, Klima-, Boden- und Gewässerschutz sowie als Genreservoir alter Obstsorten hat die Streuobstwiesen zum Inbegriff für den Schutz unserer gewachsenen Kulturlandschaft werden lassen.

350 alte Obstbäume auf dem Gelände des Freilichtmuseums Beuren sind das Markenzeichen des im Kreis Esslingen gelegenen Museumsdorfes und begründen das Engagement des Museums für den Erhalt der Streuobstwiesen. Zuerst waren die Bäume da, danach wurden die alten Häuser hierher »verpflanzt« – Alt und »Neu« ergeben so ein harmonisches Bild. In und um die originalgetreu wieder aufgebauten 22 Häuser lässt sich so das alltägliche Leben auf der Alb bestens nachempfinden. Selbstverständlich, dass hier auch der Obstbau nicht zu kurz kommt. So verbinden sich Kultur und Natur in idealer Weise auf dem elf Hektar großen Gelände am Fuße der Alb.

Breitenstein, Ochsenwang und Mörike – für jeden etwas

Am Albtrauf der Schopflocher Berghalbinsel liegt nordwestlich von Ochsenwang der Breitenstein (811 m), ein aus harten Schwammriffen des Oberen Juras delta bestehendes leicht albeinwärts geneigtes Felsmassiv, das jäh zum Albvorland hin abbricht (Bild unten). Von hier aus bietet sich eine überwältigende Aussicht auf das 400 Meter tiefer liegende Vorland. Je nach dem, auf welche der zahlreichen Felskanzeln man hinaustritt, bieten sich dem Besucher an klaren Tagen unterschiedliche Fernblicke. Sie reichen in westlicher Richtung vom Teckberg bis zur Achalm und darüber hinaus, im Norden weit ins Neckarland und den Schwäbisch-Fränkischen Wald hinein und im Osten vom Boßler über die Limburg bis zu den drei Kaiserbergen. Nach Süden schweift das Auge vom nahen Randecker Maar weit über das bewegte Relief der Kuppenalb. Eine Orientierungstafel auf der höchsten Stelle des Breitensteins (Bildmitte) hilft den Besuchern sich bei der grandiosen Rundumsicht zurechtzufinden.

Besonders stimmungsvoll ist der Blick vom Breitenstein an einem frühen Herbstmorgen wie auf dem Bild Seite 86. Unwillkürlich kommt dem Betrachter dabei das berühmte Herbstgedicht von Eduard Mörike in den Sinn:

Von den zahlreichen Felskanzeln des Breitensteins bietet sich eine überwältigende Fernsicht.

Septembermorgen

Im Nebel ruhet noch die Welt,
Noch träumen Wald und Wiesen:
Bald siehst du, wenn der Schleier fällt,
Den blauen Himmel unverstellt,
Herbstkräftig die gedämpfte Welt
In warmem Golde fließen.

Erst nachdem man diese Stimmung voll in sich aufgenommen hat, ist der Kopf wieder frei zur Orientierung in der dargebotenen Landschaft. In der Bildmitte erhebt sich aus dem Albvorland die Limburg und dahinter links der Aichelberg und der lang gestreckte Rücken des Turmberges. Alle drei sind von der Erosion herauspräparierte Vulkanschlote. Im Bildhintergrund ragen aus dem Nebelmeer die drei Zeugenberge Hohenstaufen, Rechberg und Stuifen (von links nach rechts), deren ehemalige Zugehörigkeit zum Albtrauf (am rechten Bildrand) besonders deutlich in Erscheinung tritt.

Zu Recht steht auf dem Aussichtsfels Breitenstein ein Jubiläumsstein, der an das hundertjährige Bestehen des Alb-Nord-

Herbststimmung am Breitenstein. Blick über die Limburg bis zu den drei Kaiserbergen

rand-Weges, den Hauptwanderweg 1 (HW 1) des Schwäbischen Albvereins erinnert. Er führt vom bayerischen Donauwörth an der Wörnitz den Albtrauf entlang bis ins baden-württembergische Tuttlingen im oberen Donautal. Er gilt als einer der schönsten Wanderwege in Deutschland. Auch ist er einer der ältesten Fernwanderwege. Er folgt bis heute im Wesentlichen dem Verlauf der Wanderstrecke entlang des Albtraufs wie Gustav Schwab (1792–1850) ihn bereits in seinem 1823 veröffentlichten ersten Wanderführer »Die Neckarseite der Schwäbischen Alb« beschrieben hat.

Während für Gustav Schwab damals das Durchwandern der Nordseite der Alb noch einer Entdeckungsreise gleichkam, bei der er oft genug die Hilfe wegekundiger Führer in Anspruch nahm, ist mit der Fertigstellung des Alb-Nordrand-Weges 1907 durch den Schwäbischen Albverein ein durchgängiger Hauptwanderweg geschaffen worden, der heute dank Markierungen, Wegweisschildern und Hinweistafeln auch von nicht ortskundigen Wanderern bei ausreichender Kondition problemlos bewältigt werden kann. Diese Pioniertat des Schwäbischen Albvereins wurde noch getoppt durch die Zertifizierung des HW 1 als »Qualitätsweg Wanderbares Deutschland« durch den Deutschen Wanderverband. Die Verleihung dieses Prädikats fand im Herbst 2009 nicht von ungefähr auf dem Breitenstein statt.

In zweijähriger Arbeit haben der Albverein und der Tourismusverband Schwäbische Alb die Qualität der Wegestruktur des in die Jahre gekommenen Fernwanderweges gemäß den Bewertungskriterien überprüft, geteerte Teilstücke stellenweise wegverlegt auf naturbelassene Wege und Pfade, haben Aussichtspunkte, Rastplätze und kulturelle Höhepunkte am Wegesrand mit ins Konzept einbezogen und die Wegmarkierungen wesentlich ausgeweitet. Jetzt gilt es, die 365 Kilometer Wanderwege in untadeligem Zustand zu erhalten. Dies erfordert ständige Kontrolle und Pflege, die von den vielen ehrenamtlichen Kräften des Albvereins in bewährter Weise geleistet wird.

Der Jubiläumsstein auf dem Breitenstein erinnert an das hundertjährige Bestehen des Alb-Nordrand-Weges.

Vom Breitenstein sind es nur wenige Gehminuten zum Dörfchen Ochsenwang, das aus zwei Gründen einen Abstecher lohnt. Der eine Grund: Wie viele Dörfer im Kirchheim-Uracher Vulkangebiet liegt der Ort auf dem wasserstauenden Basalttuff eines kleinen Vulkanschlotes. Obwohl der nur einen Durchmesser von 200 Metern hat, konnte sich seit dem Mittelalter um die wasserführende Hüle eine kleine Siedlung entwickeln. Diese Hüle war als Feuerlöschteich, Viehtränke und als Brauchwasserreservoir für das Dorf lebensnotwendig. Ab dem Jahr 1906 bis in die 50er-Jahre erfolgte die Trinkwasserversorgung aus dem Quellwasser des nahen Randecker Maares. Dann übernahm bis Anfang der 90er-Jahre die »Blau-Lauter-Gruppe« die Wasserversorgung, anschließend die Landeswasserversorgung Baden-Württemberg. Die Ochsenwanger Hüle wurde in dieser Zeit zum Parkplatz

Im Zuge der Ortskernsanierung bekam Ochsenwang seine charakteristische Hüle wieder zurück.

umgewidmet. Im Zuge der Ortskernsanierung 1997 bekam der Ort seine Hüle als charakteristisches Merkmal des Albdorfes Ochsenwang auf der wasserarmen Alb wieder zurück.

Der zweite Grund, weshalb sich ein Besuch von Ochsenwang lohnt, ist die Wirkungsstätte des Dichters Eduard Mörike (1804–1875), der von Januar 1832 bis Oktober 1833 Pfarrverweser in Ochsenwang war. Von seiner Wirkungsstätte, dem 1706 erbauten kleinen, heimeligen Dorfkirchlein, geht der Blick hinüber zu Mörikes ehemaligem Wohnhaus. Das schlichte barocke Gebäude, in dem Mörike die Räume im ersten Stock bewohnte, war damals das Schulhaus. Die Klassenräume befanden sich im Erdgeschoss. Da der Lehrer zu Mörikes Zeit woanders im Ort lebte, konnte er in die Lehrerwohnung ziehen. Ochsenwang hatte nie eine eigene Pfarrstelle, deshalb gab es auch kein Pfarrhaus. Seine Wohn- und Amtsstube wurde damals mit Torf aus dem Schopflocher Moor beheizt.

Während seiner Ochsenwanger Zeit vollendete Eduard Mörike seinen einzigen Roman »Maler Nolten« und schrieb einige wunderschöne Gedichte und Liedtexte. Ganz besonders liebte Mörike die Schönheit der Alblandschaft, insbesondere die Felsen am Albtrauf, die er auf seinen Spaziergängen und Wanderungen gerne erkundete. Einer dieser Felsen, der »Spitzige Fels« oberhalb der Burgruine Rauber hatte es ihm besonders angetan. So schrieb er am 8. April 1832 an seine Braut Luise Rau:

»Ein Plätzchen besonders ist mir schon ganz ans Herz gewachsen und lieber als Breitenstein und alles. Es heißt ›der spitzige Fels‹, und wenn der Breitenstein nördlich, so liegt der letztere südwestlich. Er kränzt, wie jener, dieselbe Albtraufe! Die Aussicht allerdings um was beschränkter, aber ein reicher Vordergrund mit Bäumen, phantastisch aufgetürmten Steinmassen (was dort ganz fehlt) macht mir die Aussicht hundertmal genießbarer. Zwischen einem Felsen sitzt man ohne alle Gefahr, wenn man nur erst drauf ist, wie in einem Lehnstuhl, mit Moose gepolstert, und hängt die Füße gleichsam über die herrliche Galerie hinaus, dass einen die Lüfte des Himmels mit seligem Schauder berühren. Da sieht man im Tal die Äcker und Felder, schon sauber gepflügt, in niedlicher Kleinheit, braun und grün abwechselnd, liegen und drüberher zerstreut die Feldarbeiter wie Ameisen emsig zappeln und die Häuslein des Dorfes nur leicht hingewürfelt: das alles aber in den linden, goldnen Duft und in ein lispelndes Meer von Frühlingsstimmen getaucht.«

Mörike wollte eigentlich nie Pfarrer werden. Von daher erklärt sich wahrscheinlich auch, weshalb er im Laufe seines Lebens elfmal die Pfarrstelle wechselte. Seine eigentliche Berufung war die Dichtung. Vor allem seine Gedichte machten Mörike zu einem der größten Lyriker deutscher Sprache.

Ein erstes Erinnerungszeichen an Mörikes Wirken in Ochsenwang setzte der Schwäbische Albverein als er anlässlich von Mörikes 100. Geburtstag 1904 am ehemaligen Schulhaus eine Gedenktafel (auf dem Bild unten rechts vom Eingang) anbringen ließ. Heute ist in Mörikes ehemaliger Amtswohnung eine ständige Ausstellung eingerichtet, die Briefe, Gedichte, Zeichnungen und Pfarrberichte zeigt, dazu Dokumente und seine kirchlichen Unterlagen und die von ihm genutzte Literatur. Ihm zu Ehren ist die Straße, an der seine Wirkungsstätte liegt, sowie ein Fels am Albtrauf östlich von Ochsenwang nach ihm benannt. Es lohnt allemal, sich von Frau König (Telefon (0 70 23) 23 04, moerikehaus.ochsenwang@web.de) durch Ausstellung und Kirche führen zu lassen.

Von der Ochsenwanger Dorfkirche geht der Blick hinüber zum Mörikehaus.

Schwerpunktthema: Vom Steinbruch zum Naturschutzzentrum

Im Grunde genommen verdankt das Naturschutzzentrum Schopflocher Alb seine Existenz einem drei Hektar großen Steinbruch, in dem von 1950 bis 1974 ein ganz besonderer Kalkstein, der »Schopflocher Elfenbeinmarmor« abgebaut wurde. Nach der Stilllegung gelang es, das Steinbruchareal als Biotop aus Menschenhand für den Naturschutz zu sichern. Das ehemalige Betriebsgebäude des renommierten Natursteinwerks Adolf Lauster wurde vom Landkreis Esslingen in den 80er-Jahren des letzten Jahrhunderts erworben und 1989 zum ersten kreiseigenen Naturschutzzentrum in ganz Baden-Württemberg umgebaut. So begann für dieses einzigartige Gelände eine neue Ära. Seit 1996 wird das Zentrum als Stiftung bürgerlichen Rechts gemeinsam vom Land und Kreis betrieben.

»Naturschutz nicht nur per Gesetz vom Schreibtisch aus, sondern vor Ort in den Köpfen und im Bewusstsein der Menschen verankern«, so lautet das Credo, nach dem die Mitarbeiter des Zentrums seit nunmehr

Das Naturschutzzentrum Schopflocher Alb mit ehemaligem Marmorsteinbruch der Firma Lauster

21 Jahren Lobbyarbeit für Natur und Landschaft der Schwäbischen Alb machen. Mit seinen mehr als 300 Veranstaltungen im Jahr, von Naturexkursion bis Bauernmarkt, ist das Zentrum zu einer gefragten Informations- und Begegnungsstätte für Naturinteressierte und Freunde der Schwäbischen Alb geworden. Im Jahr 1999 hat das Haus am Steinbruch mit der spektakulären Ausstellung »Der Grosse Alb-Gang – Skulpturen in der Natur« auch überregional Aufsehen erregt.

Aufgrund seiner attraktiven Lage zwischen Randecker Maar und Ruine Reußenstein im Nordteil des Biosphärengebiets Schwäbische Alb soll das Zentrum neben seiner bisherigen Hauptaufgabe Umweltbildung in Zukunft weitere Funktionen im touristischen Bereich als Informationszentrum im Biosphärengebiet und Informationsstelle im Geopark Schwäbische Alb übernehmen.

Um diese neuen Aufgaben angemessen wahrnehmen zu können, wird der 1963 erbaute ältere Gebäudeteil 2010 energetisch und ökologisch saniert und durch einen modernen Ausstellungstrakt erweitert. Die Wiedereröffnung in größeren Räumen und mit einer neu konzipierten Dauerausstellung ist im Frühjahr 2011 geplant. Kontakt: Telefon (0 70 26) 9 50 12-0, Fax (0 70 26) 9 50 12-10, info@naturschutzzentrum-schopfloch.de

Marmorabbau im Lauster Steinbruch in den 1950er-Jahren

Junior Ranger beim Bau von Nisthilfen für Wildbienen

Vor der Gutenberger Höhle: Ehrenamtlicher Naturschutz-Volunteer führt eine Schulklasse.

Der Heidengraben – die Kelten am Albtrauf

Im Gegensatz zu vielen anderen Mittelgebirgen in Deutschland gehört die Schwäbische Alb zum Altsiedelland, das seit der Jungsteinzeit kontinuierlich von Menschen bewohnt wird. War es am Albtrauf der Ostalb das Bergmassiv des Rosensteins, auf dem Menschen aller Kulturepochen von der Altsteinzeit bis ins Mittelalter ihre Spuren hinterließen, so ist es auf der Erkenbrechtsweiler Halbinsel die vorgeschichtliche Befestigungsanlage des Heidengrabens aus der Keltenzeit, die Zeugnis von der frühen Besiedelung der Alb ablegt. War es die nicht durchgehend bewaldete Albhochfläche mit ihren kalkreichen Böden, die sich für die mit Weidewirtschaft kombinierte Feldgraswirtschaft in der damaligen Zeit anbot? Wir können es nur vermuten.

Die Erkenbrechtsweiler Halbinsel zwischen dem Ermstal und dem Tal der Lenninger Lauter mit ihrem stark zerlappten Trauf, der überaus steil ins 300 bis 400 Meter tiefer liegende Vorland abfällt, bot sich – allein schon verteidigungstechnisch gesehen – für die Anlage einer befestigten keltischen Stadt-

Plan des keltischen Oppidums Heidengraben auf der Erkenbrechtsweiler Halbinsel

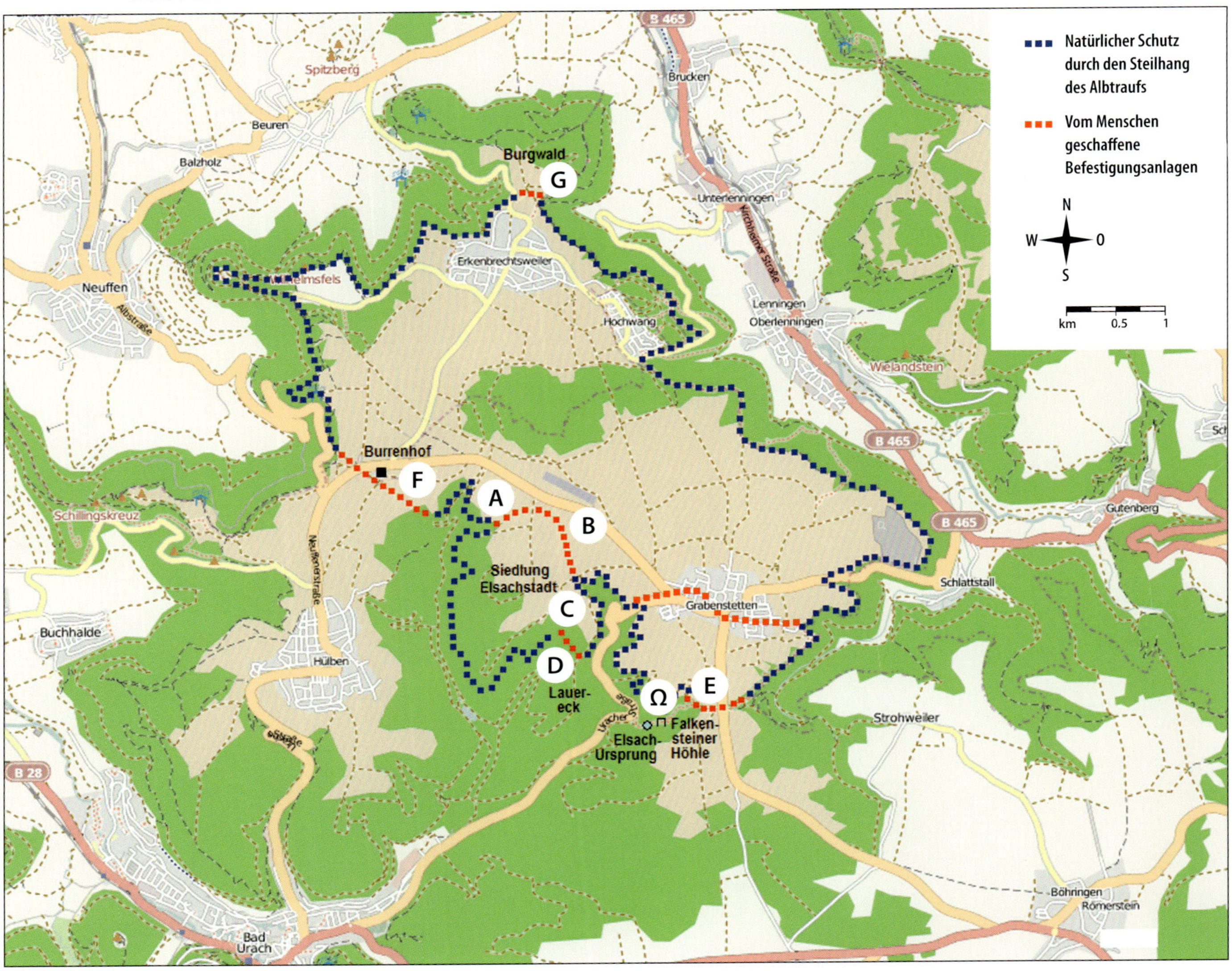

Die »Elsachstadt« war durch einen Wall mit vorgelagertem Graben geschützt.

anlage an. Der lateinische Begriff Oppidum für eine befestigte Großsiedlung der Kelten des 2. und 1. Jahrhunderts v. Chr. stammte von Julius Cäsar, der damit solche keltischen Anlagen in Gallien bezeichnete. Das Oppidum Heidengraben ist mit einer Gesamtfläche von 1662 Hektar eines der größten in Europa.

Durch die Lage des Oppidums Heidengraben auf der Erkenbrechtsweiler Halbinsel war es den Erbauern möglich, ihre Siedlung mit relativ wenigen Befestigungsanlagen zu sichern. Denn der steile Albtrauf stellte schon über große Distanzen einen natürlichen Schutz dar. Die eigentlichen Befestigungsanlagen des Heidengrabens bestehen aus Wall und Graben (siehe Bild oben). Dem Graben verdankt auch der Ort Grabenstetten seinen Namen.

Vor allem da, wo Wege aus den Tälern heraufführten, wurden in die Befestigungsanlage Tordurchlässe angelegt. Sie wurden überwiegend in Form von Zangentoren ausgeführt. Im Plan des Heidengrabens sind sie mit den Buchstaben A bis G gekennzeichnet (siehe Abbildung links). Nördlich von Erkenbrechtsweiler wurde solch ein Zangentor samt Mauer rekonstruiert. Alle Befestigungen befinden sich in den Bereichen der Halbinsel, die durch Wege aus den Tälern oder von der Albhochfläche her relativ leicht zu überwinden gewesen wären.

Dem Plan kann man auch entnehmen, dass das Oppidum gegen Süden zu durch zwei Befestigungsanlagen gesichert war. Die eine verlief quer durch Grabenstetten und ist heute verschwunden. Die andere befindet sich südlich von Grabenstetten und riegelte dort das Oppidum zur Albhochfläche hin ab. Sie ist noch heute gut erhalten. Der eigentliche Kernbereich des Oppidums Heidengraben liegt strategisch besonders günstig auf einem zwischen Grabenstetten und dem Burrenhof nach Süden ausgerichteten Bergvorsprung, der ans Kaltental und Elsachtal grenzt.

Diese »Elsachstadt«, benannt nach der Elsachquelle, die in der nicht allzu weit entfernten Falkensteiner Höhle entspringt, war durch einen im Bogen geführten 1,4 Kilometer langen Wall mit vorgelagertem Graben geschützt. Hinzu kamen einzelne kurze Sperrwerke in Richtung der Täler. Die Elsachquelle war

Die Grabhügel beim Burrenhof stammen ursprünglich aus der Bronze- und Hallstattzeit.

für die Wasserversorgung der »Elsachstadt« von besonderer Bedeutung. Das Bild zeigt den Wall samt Graben, der die »Elsachstadt« (links) vom übrigen Heidengraben (rechts) trennt. Der Wall war ursprünglich wesentlich höher und als so genannte Pfostenschlitzmauer aus Trockenmauern und Erde zwischen Holzpfosten errichtet, die zusätzlich durch Quer- und Längshölzer versteift waren.

Aufgrund der Funde in der »Elsachstadt« lässt sich das Oppidum tatsächlich in die Spät-La-Tène-Zeit etwa 100 Jahre v. Chr. datieren. Fundstücke von zerbrochenen Amphoren, die damals dem Transport von Wein und Öl dienten, deuten auf Handelsbeziehungen des Oppidums Heidengraben bis in den Mittelmeerraum hin. Auch der Fund keltischer Münzen lassen ein blühendes Wirtschaftsleben vermuten. Zahlreiche Funde von Schmiedeschlacken beweisen, dass Eisen verhüttet wurde.

Zusammenfassend lässt sich aus den wenn auch wenigen Funden und der gewaltigen Ausdehnung des Oppidums Heidengraben schließen, dass hier wahrscheinlich mehr als tausend Menschen lebten, die von Ackerbau und Viehzucht lebten, Handwerker waren und regen Handel betrieben.

Im Westen der »Esachstadt« konnte eine noch ältere Siedlung aus der Hallstattzeit (6.–4. Jahrhundert v. Chr.) nachgewiesen werden, die nahe einer Wasserstelle auf einem Vulkanschlot lag. Aus der Bronzezeit (1200–800 v. Chr.) und der Hallstattzeit stammen die ehemals rund 30 Grabhügel (so genannte Burren), von denen einige nach archäologischen Untersuchungen wieder aufgeschüttet wurden. Sie gaben dem benachbarten ehemaligen Gehöft – heute Landgasthof – »Burrenhof« seinen Namen.

Wer sich mit der Archäologie auf der Erkenbrechtsweiler Halbinsel genauer befassen möchte, dem sei das »Keltenmuseum Heidengraben« in Grabenstetten, Böhringer Straße 10, ans Herz gelegt. (Geöffnet von Mai bis September an Sonntagen von 14 bis 16 Uhr und nach Absprache; Kontaktaufnahme: Bürgermeisteramt Grabenstetten Telefon (0 73 82) 3 87. Mit einer Wanderung verbinden lässt sich der Besuch des archäologischen Lehrpfades mit zahlreichen Informationstafeln zu den prähistorischen Denkmälern des Heidengrabens. Günstigster Ausgangspunkt dazu ist der Wanderparkplatz nördlich von Erkenbrechtsweiler.

Von der Hinteren Alb zur Reutlinger Alb

Zwischen Ermstal und dem Tal der Steinlach wollen wir uns in diesem Kapitel mit der unterschiedlichen Wirkungsweise des Wassers am Albtrauf beschäftigen, uns dann mit Reutlingen und seiner wechselvollen Geschichte vertraut machen, bevor wir dem touristisch attraktiven oberen Echaztal einen Besuch abstatten. Endpunkt dieses Albtraufabschnitts ist der weithin sichtbare Roßberg und das zu seinen Füßen gelegene Gönningen im Wiesaztal.

Höllenlöcher und Bergrutsche – der Albtrauf weicht zurück

Als »Höllenlöcher«, »gespaltene Felsen« oder »hangende Steine« werden die tiefen Abrissspalten entlang des gesamten Albtraufs bezeichnet. Allein am Albtrauf über dem

Die »Dettinger Höllenlöcher« im Ermstal sind tiefe Abrissspalten entlang des Albtraufs.

Ermstal gibt es zwei solcher »Höllenlöcher«. Die einen liegen an der rechten Traufkante oberhalb der Eichhalde unmittelbar über Bad Urach, deshalb »Uracher Höllenlöcher« genannt. Die »Dettinger Höllenlöcher«, die hier vorgestellt werden, liegen an der linken Traufkante oberhalb von Dettingen an der Erms unweit des Sonnenfels. Es sind die Vorstufen von Bergrutschen oder gar Bergstürzen.

Die Entstehung solcher »Höllenlöcher« ist immer gleich: Kleinere, senkrechte Klüfte und Spalten im Oberjura-Gestein – meist durch tektonische Bewegungen entstanden – werden durch eindringendes Niederschlagswasser weiter aufgelöst. Gefriert dieses Sickerwasser, dehnt es sich aus und drückt auf die Kluftwände. Da nur die dem Trauf zugewandte Seite diesem Druck ausweichen kann, bewegt sich dieser Teil der Felsscholle dorthin und trennt sich allmählich vom bergseitigen Schichtverband. Hangparallele Abrissklüfte bilden sich.

Immer mehr Wasser kann nun in die Tiefe eindringen und sich schließlich auf den wasserstauenden Tonschichten des Mittleren Juras sammeln, diesen aufweichen und dadurch gleitfähig machen. Sie geben dem Druck der aufliegenden Abrissfelsen nach. Dadurch kippen diese immer weiter nach außen ab und die Randkluft erweitert sich.

Diese Situation zeigt das Bild rechts: Zwischen einer 120 Meter langen und 30 bis 35 Meter hohen Abrisskluft führt heute ein Wanderweg hindurch, der es den Besuchern ermöglicht, das Zurückweichen des Albtraufs hier vor Ort zu studieren. Deutlich ist auf dem Bild links die Schrägstellung der abgleitenden Gesteinsscholle zu erkennen. Die Moose und Flechten an den Felswänden deuten auf das ganzjährig feucht-kühle Mikroklima in dieser tiefen Randkluft hin.

Wie die bereits angedeutete Entwicklung dieser »Höllenlöcher«, »gespaltenen Felsen« und »hangenden Steinen« am Albtrauf weiter gehen kann, vermittelt eine Reportage, die den Ablauf des Bergrutsches am Hirschkopf

bei Mössingen im Frühjahr 1983 schildert: »Dienstag, 12. April 1983, 11.30 Uhr: Am Hang unterhalb des Hirschkopfes bei Mössingen beginnt es zu knirschen. Im Boden bilden sich Risse. 13.00 Uhr: Große Erdschollen samt den Bäumen wandern, wie von Geisterhand bewegt, hangabwärts. Gesteinsschutt schiebt sich über den Boden. Mit lautem Knall zerreißen Baumwurzeln, einzelne Steine poltern den Hang hinunter, Bäume neigen sich ächzend, andere schlagen krachend zu Boden.

Der Bergrutsch am Hirschkopf entstand nach tagelangen Regenfällen verbunden mit der Schneeschmelze auf der Alb.

Auch Stunden später bewegt sich der Hang immer noch. Das Knirschen und Krachen hält an. Weitere Bäume verlieren ihren Halt und stürzen donnernd zu Tal. An der felsigen Steilwand oberhalb des Hangs vermehrt sich das Gepolter niederfallender Steine. Auf einer Breite von 600 Meter erfasst die Rutschung 25 Hektar Wald. Die Felswand oberhalb des Hangs verbreitert sich. Risse und Absätze entstehen auch außerhalb der sichtbaren Rutschung und machen Waldwege unpassierbar.

Mittwoch, 13. April 1983: Im Wald oberhalb der Felswand bilden sich Risse. Felsbastionen sinken ab. Der Hang ist noch ständig in Bewegung. Ende April: Das vom Erdrutsch betroffene Gelände hat sich inzwischen auf 50 Hektar verdoppelt. Der Schaden am städtischen und privaten Wald geht in die Millionen. Menschen kamen Gott sei Dank nicht zu Schaden.« So oder ähnlich muss man sich den Ablauf dieser Naturkatastrophe am Hirschkopf vorstellen. Gesehen hat es

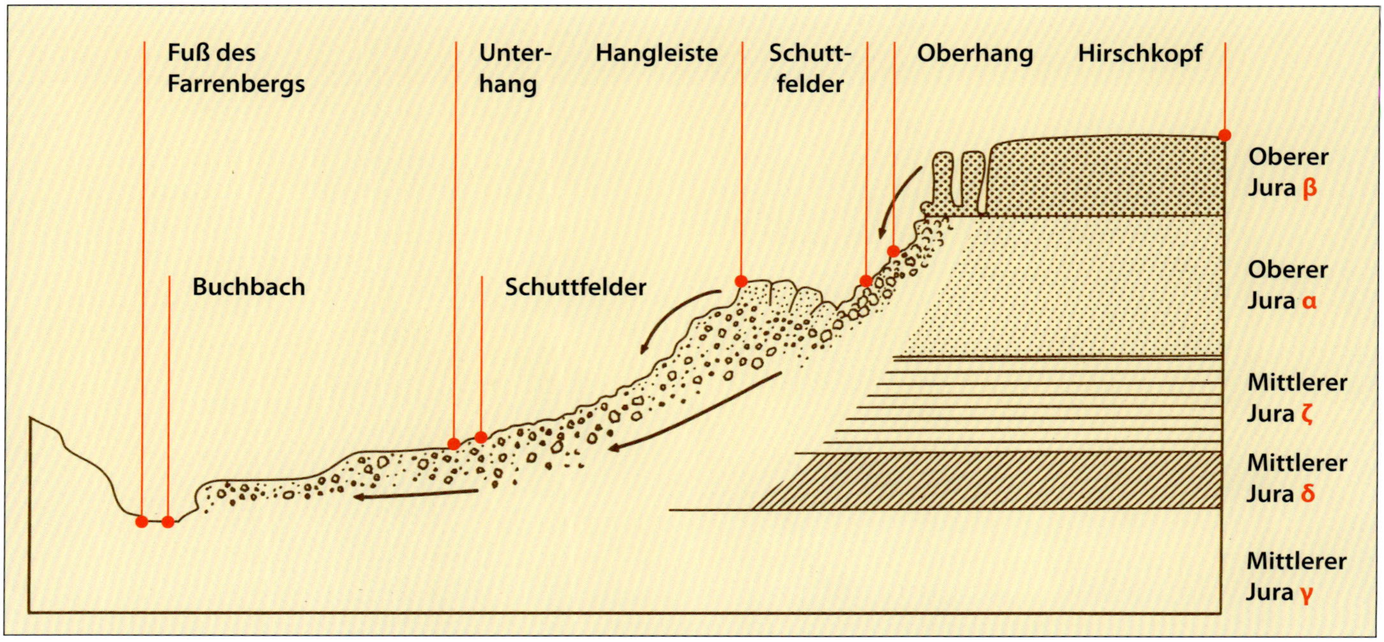

Schnitt durch den Bergrutsch am Hirschkopf

niemand, da Nebel die Sicht auf den Hirschkopf versperrte.

Der Bergrutsch entstand im Bereich des Mittleren Juras zeta und den darüber lagernden Schichten des Oberen Juras alpha und beta. Hauptauslöser waren tagelange Regenfälle verbunden mit der Schneeschmelze auf der Alb. Das Wasser sickerte durch das klüftige Gestein in die Mergelschichten des Oberen Juras alpha und in die Ornatentone des Mittleren Juras zeta. Diese quollen auf und begannen zu rutschen. Dadurch verloren die darüberliegenden Schichten des Oberen Juras ihren Halt und sanken in die Tiefe.

Auf dem Luftbild (Seite 96/97) lassen sich verschiedene Zonen im Bergrutschgelände von oben nach unten unterscheiden: 1. Die neu entstandene Felswand mit den abgesackten Schollen des Oberen Jura beta. 2. Die zum Teil noch kahlen Schuttfelder des Oberhangs. 3. Die den gesamten Rutsch durchziehende Hangleiste mit dem dort stehengebliebenen Wald. 4. Die Schuttfelder des Unterhangs, die sich als so genannte Kieswüste bis zur Talsohle des Buchbachs erstreckt. Der Höhenunterschied innerhalb des gesamten Bergrutschgeländes beträgt 250 Meter.

Dieses einmalige Naturereignis ist in zweierlei Hinsicht von großer Bedeutung: Zum einen ist der Mössinger Bergrutsch ein hervorragendes Lehrbeispiel für die rückschreitende Erosion des Albtraufs, der vor etwa 15 Millionen Jahren noch bei Stuttgart verlief. Dadurch ist auch der Kornbühl, den man im Bildhintergrund auf der Schichtflächenalb sitzen sieht, wieder ein bisschen näher an den Albtrauf gerückt.

Zum andern ist der Bergrutsch für Biologen von unschätzbarem Wert, denn die Schutthalden und Kieswüsten waren anfangs »biologische Nullflächen«, wie Fachleute dies nennen, die weder eine Humusschicht besaßen noch von Pflanzen und Tieren besiedelt waren. Nicht nur für Fachleute ist es spannend zu beobachten, wie Tiere und Pflanzen sich dieses Terrain wieder zurückerobern. Aus diesem Grund wurden 1988 rund 40 Hektar des Bergrutschgeländes als Naturschutzgebiet ausgewiesen. 2006 wurde dem Mössinger Bergrutsch das Prädikat »Nationaler Geotop« verliehen. Inzwischen konnten an die 100 Bergrutsche und Bergstürze entlang des Albtraufs nachgewiesen werden.

Wasserkraft vom Albtrauf – Pumpspeicherkraftwerk Glems

Der wichtigste Standortfaktor für die Anlage des Pumpspeicherkraftwerkes Glems südlich von Metzingen war neben der Nähe zum Verdichtungsraum Stuttgart der Albtrauf. Hier konnte auf Grund des großen Höhenunterschieds auf kurze Distanz zwischen Albhochfläche und Albvorland eine Fallhöhe von fast 300 Metern zur Energieerzeugung genutzt werden. Das Pumpspeicherkraftwerk Glems wurde zwischen 1962 und 1964 von den damaligen Technischen Werken Stuttgart erbaut. Heute gehört es der EnBW Kraftwerke AG.

Wie alle Pumpspeicherkraftwerke verfügt auch das Glemser Kraftwerk über ein Ober- und Unterbecken, die durch eine unterirdische Triebwasserleitung von 1415 Metern Länge und etwa drei Meter Durchmesser miteinander verbunden sind. Die eigentliche Kraftwerksanlage samt Bürogebäude und 110 kV-Freiluft-Schaltanlage befindet sich am Fuß des Albtraufs. Das Krafthaus selbst liegt unterirdisch in 28 Metern Tiefe. Das kreisrunde Oberbecken wurde in einer Mulde in 753 Metern Höhe vor dem Grasberg (Bildmitte unten) im klüftigen Oberjura angelegt. Deshalb musste das rund 19,5 Meter tiefe Becken mit einer doppelten Asphaltbetonschicht abgedichtet werden. Sein Fassungsvermögen beträgt 900 000 Kubikmeter. Davon stehen 810 000 Kubikmeter zur Stromerzeugung zur Verfügung.

Im Gegensatz dazu liegt das Unterbecken mit seinen Zuflüssen in den wasserundurchlässigen Tonschichten des Mittleren Juras in 458 Metern Höhe. Der 26 Meter hohe aufgeschüttete Staudamm sperrt das Tal des Tiefenbachs ab. Das Fassungsvermögen des Unterbeckens liegt bei 1,2 Millionen Kubikmetern. Zur Sicherung einer immer ausreichenden Wassermenge für den Kraftwerksbetrieb wurde zusätzlich eine unterirdische Wasserleitung von der Erms zum Unterbecken verlegt.

Das Pumpspeicherkraftwerk Glems nutzt den Albtrauf zur Energiegewinnung.

Das Pumpspeicherkraftwerk Glems arbeitet wie alle Pumpspeicherkraftwerke nach folgendem Prinzip: Das Wasser des Oberbeckens wird bei Bedarf durch die Druckleitung ins Kraftwerk geleitet, wo zwei Maschinensätze aus je einer Francis-Turbine, einer Pumpe und einer elektrischen Maschine maximal je 45 Megawatt elektrische Energie erzeugen. Die elektrischen Maschinen arbeiten dabei als Generator. Anschließend fließt das so »abgearbeitete« Wasser ins Unterbecken.

Der erzeugte niedrig gespannte Strom wird mittels Transformatoren in hoch gespannten Strom umgewandelt und anschließend ins Leitungsnetz eingespeist. Mit dem verfügbaren Inhalt des Oberbeckens kann auf diese Weise in etwas mehr als sechs Stunden 560 MWh elektrischer Strom produziert werden. Da das Oberbecken über keinen natürlichen Zufluss verfügt, wird das Nutzwasser aus dem Unterbecken in einem Zeitraum von elf Stunden über die Rohrleitung »bergauf« zurück ins Oberbecken gepumpt. Hierbei arbeiten die elektrischen Maschinen im Krafthaus als stromverbrauchende Motoren.

Worin liegt nun eigentlich der wirtschaftliche Nutzen eines Pumpspeicherwerkes, wenn es für das Zurückpumpen des Nutzwassers rein physikalisch betrachtet genauso viel Energie benötigt? Der Vorteil gegenüber konventionellen thermischen Kraftwerken besteht darin, dass es in Tageszeiten mit besonders hohem Strombedarf (zum Beispiel mittags oder bei bestimmten Medienereignissen wie Fußballspielen) innerhalb von Minuten Strom liefern kann. Durch den Verkauf dieses Spitzenstroms werden wesentlich höhere Erlöse erzielt wie zu absatzschwachen Tageszeiten. Mit diesem deutlich preiswerteren Strom aus Grundlastkraftwerken, der vor allem nachts zur Verfügung steht, wird das Nutzwasser wieder zurück ins Oberbecken befördert. Ein weiterer Vorteil von Pumpspeicherkraftwerken ist, dass durch ihren Einsatz auch Leistungsschwankungen des Netzes oder Ausfälle anderer Kraftwerke ausgeglichen werden können.

Reutlingen und das obere Echaztal

Reutlingen, an der Traufbucht der Echaz gelegen, gehört wie Aalen, Bopfingen, Geislingen, Balingen und andere Städte am Fuß des Albtraufs zum weitmaschigen Städtenetz der Stauferzeit. Reutlingen geht auf mehrere alamannische Siedlungen zurück, die in salischer Zeit zu einem Dorf zusammengeschlossen wurden. Ausgangspunkt für die Stadtgründung war die Echazfurt, wo ein alter Fernweg aus dem Neckartal die Echaz querte und dann talaufwärts auf die Alb führte.

Für die Gründung der Marktsiedlung Reutlingen um 1182 durch Kaiser Friedrich I. war die Lage an der Pforte der Echaz als Warenumschlagsplatz zwischen Albvorland und Schwäbischer Alb – zudem an einer Fernstraße gelegen – denkbar günstig. Aber erst nach 1235, als die Burg auf der Achalm (Bildmitte Seite 101) und damit die Grundherrschaft über Reutlingen staufisch geworden war, erfolgte die eigentliche Stadtgründung. Der Staufer Friedrich II. ließ Reutlingen planmäßig zur Stadt ausbauen und ummauern.

In diese spätmittelalterliche Stadtanlage (Bildvordergrund) wurde die alte Fernstraße mit einbezogen. Sie durchzieht heute als Wilhelmstraße (Fußgängerzone und Haupteinkaufsstraße) die Altstadt. Auf dem Bild erkennt man ihren Verlauf an den giebelständigen Häusern, die vor der gotischen Marienkirche aneinander gereiht den Stadtkern queren. Wann genau Reutlingen den Status einer Freien Reichstadt erhielt, lässt sich nicht genau festlegen.

Da die Stadt im Laufe der Zeit immer mehr Privilegien erhielt, ist die Entwicklung dahin als ein Prozess anzusehen. Dadurch emanzipierte sie sich im Laufe der Jahre von den Grafen von Württemberg, deren Herrschaftsgebiet die Stadt jedoch immer mehr

Ausgangspunkt für die Stadtgründung Reutlingens war die Echazfurt, über die ein alter Fernweg auf die Alb führte.

umschloss. Dazu gehörte auch der Hausberg der Reutlinger, die Achalm. Dies führte unweigerlich zu fortwährenden Spannungen und kriegerischen Auseinandersetzungen.

Die wichtigsten Träger der wirtschaftlichen Blüte der Freien Reichsstadt Reutlingen waren die Handwerker – allen voran die Gerber, Weber, Färber, Papierer und Buchdrucker – aber auch die Weingärtner (die ihre Weinberge auch an der Achalm hatten) und Händler (Krämer). 1530 setzte Reutlingen als erste der schwäbischen Städte die Reformation durch. Dadurch verbesserte sich das Verhältnis zu Württemberg, das 1534 ebenfalls evangelisch wurde.

Im Jahr 1726 legte ein verheerender Brand fast die gesamte Stadt in Schutt und Asche. Nur wenige Gebäude überstanden schwer beschädigt die Feuersbrunst, darunter die Marienkirche, bis heute ein Wahrzeichen der Stadt. Die Stadt wurde anschließend nach dem alten Grundriss wieder aufgebaut.

1802/1803 verlor Reutlingen seinen Status als Freie Reichsstadt, kam an Württemberg und wurde württembergische Oberamtsstadt. Im 19. Jahrhundert vollzog sich der Wandel Reutlingens von der Handwerkerstadt zur Industriestadt. Beschleunigt wurde diese Entwicklung vor allem durch den Wegfall der Zunftgesetze und der vom berühmtesten Sohn der Stadt, dem Nationalökonom und Wirtschaftspolitiker Friedrich List (1789–1846) vorangetriebenen Beseitigung der Zollschranken in Württemberg und dem Anschluss ans Netz der Neckar-Alb-Bahn.

Zu Beginn des 19. Jahrhunderts erfolgte auf Anordnung der württembergischen Staatsregierung der Abbruch der Stadtmauer einschließlich der meisten Türme und die Umwandlung des Stadtgrabens in Straßen. Im Zweiten Weltkrieg kam es zu weiteren Zerstörungen in der Reutlinger Altstadt, so dass heute nur noch wenige Gebäude an die Blütezeit der ehemaligen Freien Reichsstadt erinnern. Auf

Der Schönbergturm ist durch seine exponierte Lage weithin sichtbar.

dem Luftbild erkennt man außer der Marienkirche das Tübinger Tor (am unteren Bildrand), auf der gegenüberliegenden Seite der Altstadt das kleinere Gartentor und am linken unteren Bildrand die Nikolaikirche. Dagegen fallen die Bausünden der Nachkriegszeit leider viel rascher ins Auge.

Heute ist Reutlingen eine der bedeutendsten Industriestädte in Baden-Württemberg mit den Schwerpunkten in der Metallverarbeitung, dem Maschinenbau und der Elektrotechnik sowie in der IT- und Technologiebranche. Darüber hinaus ist Reutlingen eine angesehene Hochschulstadt und mit rund 112 000 Einwohnern die jüngste Großstadt in Baden-Württemberg. Sie ist Verwaltungsmittelpunkt des Landkreises Reutlingen und bildet innerhalb der Region Neckar-Alb gemeinsam mit Tübingen ein Oberzentrum.

Zum Schluss seien noch einige kurze Bemerkungen zur Achalm (707 m), dem Hausberg von Reutlingen, angefügt. Sie ist eine der zahlreichen isoliert vor dem Albtrauf liegenden Zeugenberge, die ihre Entstehung den widerständigen Gesteinen des Oberen Juras auf ihrem Gipfel und der Lage in einem tektonischen Graben verdanken, die sie lange Zeit vor der Abtragung schützten. Die Eninger Albberge im Bildhintergrund (Seite 101) sind bereits zwei Kilometer entfernt. Etwas anders stellt sich die Entstehung des nahe gelegenen Georgenbergs (602 m) dar, der als Vulkanschlot – ähnlich wie die Limburg – aus dem weicheren Gestein des Mitteljuras herauspräpariert wurde.

Der Name »Achalm« orientiert sich vermutlich an alten Flurnamen und setzt sich wahrscheinlich aus den Namen »Ach« für Bach und »Alm« für »Weide am Berg« zusammen. Den Aussichtsturm auf dem Gipfel der Achalm errichtete man 1838 auf den Resten der ehemaligen Burg. Er bietet eine grandiose Rundumsicht auf Albvorland, Reutlingen und Albtrauf.

Die Zeit des Übergangs ins 20. Jahrhundert war geprägt von der fortschreitenden Industrialisierung der Städte im Zuge des technischen Fortschritts, aber auch durch den dadurch hervorgerufenen Drang der Menschen zum Naturerlebnis. Es war die Zeit der Wanderbewegung, in der die Natur für die

Erholung entdeckt wurde. Der Albverein, der ja bekanntlich aus der Zusammenarbeit verschiedener Verschönerungsvereine entstanden war, begann die Alb durch Wanderwege und Aussichtstürme zu erschließen.

Bei einer Wanderung der drei prominenten Albvereinsmitglieder Eugen Nägele, dem Pfullinger Papierfabrikanten und Mäzen Louis Laiblin und dem Kommerzienrat Joseph Krauß, ebenfalls aus Pfullingen, auf den Schönberg im Herbst 1894 wurde die Idee geboren, einen Aussichtsturm auf dem 793 Meter hohen Gipfelplateau zu errichten. Allerdings sollte es noch bis 1905 dauern, bis der Schönbergturm (Bild links) nach den Plänen des bekannten Architekten und Städteplaners Theodor Fischer errichtet werden konnte. Eingeweiht wurde er im Frühjahr 1906.

Das im Jugendstil errichtete 28 Meter hohe Bauwerk besteht aus zwei achteckigen Stahlbeton-Pylonen mit getrennten Treppenhäusern für den Auf- und Abstieg. Sie sind oben durch eine längliche Aussichtsgalerie miteinander verbunden. Das Kupferdach mit seinen beiden schlanken Spitzen dient auch als Blitzableiter. Ursprünglich war das Dach mit Holzschindeln gedeckt. Der originelle leuchtend weiß verputzte Doppelturm ist durch seine exponierte Lage direkt am Albtrauf weithin zu sehen. Die Einheimischen haben diesem Bauwerk bald den Spitznamen »Pfullinger Unterhose« gegeben. Heute steht der Schönbergturm unter Denkmalschutz. Zum Turm gehören ein Kiosk, zwei Grillstellen und ein Kinderspielplatz. Der Turm lädt ganzjährig zum Besuch ein. Dagegen ist der Kiosk nur an Sonn- und Feiertagen geöffnet – und wenn die Albvereinsfahne am Turm hängt. Der kürzeste Zugang (rund 500 m Wegstrecke) führt vom Wanderparkplatz Wanne hinauf zum Aussichtsturm.

Das Luftbild vermittelt eine Vorstellung von der Idee der Initiatoren, den Wanderern mit dem Bau des Schönbergturmes eine einzigartige Aussicht zu verschaffen. Direkt hinter dem Turm liegt über 300 Meter tiefer das Echaztal. Unmittelbar dahinter erhebt sich im Schatten der langgestreckte Urselberg (697 m). Im Bildhintergrund steigt der Albtrauf zur Eninger Weide und zum Gutenberg

Die Felskränze am Traifelberg präsentieren sich dem Wanderer wie eine lange Reihe von Balkonen.

hinauf. Davor liegt in der Sonne Eningen mit seinen beiden Hochhäusern.

Selten hat man so viele Aussichtsfelsen bei einer verhältnismäßig kurzen und bequemen Wanderung zur Auswahl wie am Traifelberg hoch über dem Talschluss der Echaz bei Lichtenstein-Honau (Seite 103). Vom nördlichsten Felsen, dem Rötelstein (769 m) präsentieren sich die Traifelbergfelsen dem Traufgänger wie eine lange Reihe von Balkonen, auf die der Wanderer gerne hinaustritt, um die einmalige Aussicht hinab ins 200 Meter tief eingeschnittene Echaztal und hinüber zum Schloss Lichtenstein zu genießen.

Der höchste aller Balkone am Traifelberg ist der Locherstein (795 m) im Bildhintergrund. Auch geologisch gesehen befindet er sich ein Stockwerk höher, nämlich im Oberen Jura epsilon, die unteren dagegen im Oberen Jura delta. Beim Anblick dieser Felsenreihe fällt es wahrscheinlich nicht schwer, sich in die Zeit zurück zu versetzen, als diese Riffe aus kalkabscheidenden Algen und Schwämmen am Grund des warmen Jurameeres entstanden. Im Laufe von Jahrmillionen wurden diese Schwammriffe mit dem gesamten Juragestein emporgehoben and dann am Albtrauf und an den Talrändern als harte Schwammstotzen aus Massenkalk von der Erosion freigelegt.

»Wie das Nest eines Vogels auf die höchsten Wipfel einer Eiche oder auf die kühnste Zinne eines Turms gebaut, hing das Schlösschen auf dem Felsen. Es konnte oben keinen sehr großen Raum haben, denn außer einem Turm sah man nur eine befestigte Wohnung …« So beschreibt Wilhelm Hauff in seinem Roman »Lichtenstein« in romantischer Verklärung das Schloss Lichtenstein hoch über dem Echaztal. Dazu muss man wissen, dass der Lichtenstein zu Hauffs Zeiten ganz anders aussah, als er ihn beschrieben hat. Auf dem Felsen am Albtrauf stand damals ein Forsthaus, das auf den Resten

Das Märchenschloss Lichtenstein taucht aus dem winterlichen Nebel auf.

der ehemaligen Burg des 14. Jahrhunderts errichtet worden war.

Die wildromantische Lage dieses Forsthauses und die damals in Mode gekommenen Feste in der nahe gelegenen Nebelhöhle gaben Hauff die Anregung zu seinem »Lichtenstein«, einer mehr romantischen Sage der Geschichte Württembergs im 16. Jahrhundert als einem historischen Roman. Inspiriert durch Hauffs Roman ließ Herzog Wilhelm von Urach, Graf von Württemberg und Vetter von König Friedrich I. von 1839 bis 1842 das heutige Schloss Lichtenstein – ganz im Sinne der Burgenromantik der Zeit – in neugotischem Stil erbauen. Welch ein Kontrast zur wehrhaften mittelalterlichen Burgenarchitektur der Stauferzeit! Nicht von ungefähr spricht man von Schloss Lichtenstein und nicht von einer Burg.

Jetzt erst – nachdem das Märchenschlösschen aus dem Fels herausgewachsen war – wurde Hauffs Roman »Lichtenstein« zum Bestseller und das Schloss zur Touristenattraktion. Ein Besuch von Schloss Lichtenstein mit seinen bedeutenden Kunstwerken ist lohnenswert. Noch heute gehört das Schloss der herzoglichen Familie. (Informationen zum Besuch: verwaltung@schloss-lichtenstein.de, www.schloss-lichtenstein.de)

Wer sich eingehender mit Wilhelm Hauff beschäftigen möchte, dem sei ein Besuch des Hauff-Museums in Lichtenstein-Honau, Echazstraße 2, Telefon (0 71 29) 69 60 empfohlen. Öffnungszeiten: Ende März bis Mitte November an Wochenenden und Feiertagen von 14 bis 17 Uhr. Das kleine aber feine Museum zeigt eine ständige Ausstellung über Wilhelm Hauff. Es wurde 1982 mit Unterstützung der Museumsabteilung des Schiller-Nationalmuseums in Marbach konzipiert. Im Mittelpunkt steht natürlich Hauffs populärstes Werk, der Roman »Lichtenstein«, dessen Hauptfigur Herzog Ulrich von Württemberg die Besucher schon am Eingang begrüßt. Aber auch seine bekannten Märchen wie »Zwerg Nase«, »Kalif Storch«, »Der kleine Muck« und »Das kalte Herz« kommen im Museum nicht zu kurz.

Oben: Forsthaus Lichtenstein um 1830, Vorgängerbau des heutigen Schlosses. Unten: Das Hauff-Museum in Honau informiert über Wilhelm Hauffs Leben und Schaffen.

Der Rossberg – ein beliebter Aussichtspunkt

Aufgrund seiner Höhe und isolierten Lage ist der Roßberg ein beliebter Aussichtsberg.

Der weithin sichtbare Roßberg (869 m; im Bild unten) erhebt sich rund 100 Meter über das Roßfeld, das hier in unmittelbarer Nähe zum Albtrauf eine ausgeprägte Schichtfläche im Bereich der Mergel des Oberen Juras gamma bildet. Der Gipfel des Roßbergs selbst besteht aus Felsenkalken des Oberen Juras delta und ist ein Zeugenberg der Kuppenalbstufe, deren unruhiges Relief man in östlicher Richtung hinter dem Roßberg erkennen kann. Darin eingebettet liegt das Albdorf Sonnenbühl-Genkingen. Zwischen den Kuppen befindet sich ein weitverzweigtes Netz von Trockentälern, Überreste eines dichten Netzes ehemaliger Donauzuflüsse.

Unmittelbar vor der Westseite des Roßberges liegt im Bildvordergrund die bewaldete Kuppe des Kleinen Roßberges (827 m). Der unscheinbare kleine Bruder des Roßbergs ist in jüngster Zeit – zumindest aus Sicht der Geologen – aus dem Schatten seines großen Bruders getreten, seit man weiß, was in ihm steckt: nämlich ein Vulkanschlot. Damit ist er der am westlichsten gelegene Schlot des Kirchheim-Uracher Vulkangebietes.

Wegen seiner Höhe und isolierten Lage als Zeugenberg ist der Roßberg schon immer ein beliebter Aussichtsberg gewesen, zumal er frü-

her weniger stark bewaldet war. Zum 25-jährigen Jubiläum des Schwäbischen Albvereins wurden auf dem Gipfel ein Wanderheim und ein 28 Meter hoher Aussichtsturm in Beton-Massivbauweise erstellt. Er ersetzte seinen maroden Vorgänger, ein aus Eichenholz gezimmertes 20 Meter hohes Holzgerüst. Auf der Westseite des Berges steht wenige Meter unterhalb des Gipfels das Denkmal für Friedrich August Quenstedt. Das Wanderheim ist ganzjährig geöffnet; Ruhetage sind Montag und Dienstag. Kontakt: www.schwaebischer-albverein.de/wanderheime/rossberghaus/rossberghaus.html.

Friedrich August Quenstedt (1809–1889), dem bereits vier Jahre nach seinem Tod auf dem Roßberg mit diesem Obelisk ein Denkmal gesetzt wurde, war ab 1837 bis zu seinem Lebensende Professor für Geologie und Mineralogie an der Eberhard Karls Universität in Tübingen. Ein Schwerpunkt seiner Arbeit lag in der intensiven Erforschung der Juraformationen der Schwäbischen Alb. Von ihm stammt der Begriff »Schwäbisches Stufenland«. Nicht ohne Grund steht sein Denkmal deshalb an einem Aussichtspunkt auf diesem Schichtstufenland.

Quenstedts Lebensleistung lag unter anderem darin, dass er die vielfältigen Gesteinsschichten des Schwäbischen Juras mit Hilfe von Leitfossilien unterscheiden konnte. Danach hat er die drei Gesteinsformationen des Juras in jeweils sechs Untereinheiten gegliedert. Dazu wählte er die sechs Buchstaben des griechischen Alphabets: alpha, beta, gamma, delta, epsilon und zeta. Seine wichtigsten Publikationen waren »Der Jura«, das »Handbuch der Petrefaktenkunde« sowie »Die Ammoniten des Schwäbischen Juras«.

Seine unermüdliche Arbeit im Gelände war mit einer großen Sammelleidenschaft für Fossilien verbunden. Mit mehr als 30 000 Fundstücken machte er die paläontologische Sammlung der Tübinger Universität zu einer der bedeutendsten in Deutschland. Darüber hinaus beteiligte sich Quenstedt an der

Das Quenstedt-Denkmal auf dem Roßberg erinnert an den berühmten Geologen und Mineralogen.

geologischen Landaufnahme Württembergs und bearbeitete etliche Blätter des geologischen Atlas von Württemberg. Nicht nur das Denkmal auf dem Roßberg erinnert heute an Friedrich August Quenstedt, sondern auch ein Gymnasium im nahe gelegenen Mössingen wurde nach ihm benannt.

Der Blick von der überdachten Aussichtsplattform des Roßbergturmes ist überwältigend (Seite 108/109). Vom Turm nach Osten geblickt, sieht man den Albtrauf zwischen Roßberg und Hohenneuffen in seiner charakteristischen Ausprägung: Tief eingeschnittene Täler gliedern den Trauf in Buchten, Berghalbinseln, Sporne und Auslieger, die treppenförmig vom Albvorland zur Albhochfläche ansteigen. Quenstedt prägte dafür ja, wie schon oben erwähnt, den treffenden Begriff »Schwäbisches Stufenland«.

Vor dem Trauf liegen im Albvorland verstreut die kegelförmigen Zeugenberge. Ob es sich dabei um Relikte von Vulkanschloten des

»Schwäbischen Vulkans« handelt oder nur um »einfache« Zeugenberge, verrät nur ein Blick in die geologische Karte. Auch bei den Vulkanstümpfen im Albvorland handelt es sich letztendlich um Zeugenberge, enthält doch ihre Schlotfüllung, der Basalttuff, Gesteinsbrocken des Oberen Juras. Sie konnten – wie andere Gesteine auch – nur in die Schlotfüllung geraten, wenn der Gasvulkan vorher auch dieses Gestein durchschlagen konnte. Also musste es da auch einmal vorhanden gewesen sein, wo heute diese Vulkanstümpfe als Zeugen dafür im Albvorland stehen.

Durch die Schneebedeckung kommen auf dem Bild unten die Konturen des Albtraufs besonders zur Geltung und erleichtern die Orientierung. Unmittelbar nordöstlich des Roßberges liegt Gönningen über 300 Meter tiefer im Wiesaztal. Darüber erhebt sich in der Bildmitte der Sporn des Barmkapfes (737 m) und rechts davon der lang gestreckte Pfullinger Berg (720 m). An den Talflanken beider Berge erkennt man jüngere Bergrutsche. Hinter beiden Bergen öffnet sich die weite Traufbucht der Echaz.

Drei Zeugenberge liegen im Albvorland (von links nach rechts): Floriansberg (Vulkanschlot), Georgenberg (Vulkanschlot) und Achalm. Zwischen Achalm und dem Albtrauf breitet sich Eningen aus. Der Albtrauf selbst steigt in Stufen zur Hinteren Alb zwischen Echaz- und Ermstal empor. Die Aussicht nach Osten beschließen der Jusiberg (einer der größten Vulkanschlote) und das Dettinger Hörnle. Beide zusammen bilden einen lang gestreckten Ausliegerberg. Rechts davon am Albtrauf erkennt man noch schemenhaft den Hohenneuffen.

Der Blick vom Roßberg im Winter lässt die Konturen des Albtraufs besonders gut zur Geltung kommen.

Die Gönninger Samenhändler – ein weitgereistes Völkchen

Gönningen, im Wiesaztal am Fuß des Roßbergs gelegen, wurde vor allem wegen seines Samenhandels bekannt, dessen Anfänge bis ins 17. Jahrhundert zurückreichen. Wie kam es zu dieser Entwicklung? Wirtschaftliche Not nach dem Dreißigjährigen Krieg verschärft durch die im ehemaligen Herzogtum Württemberg praktizierte Realerbteilung führten dazu, dass die immer kleiner werdenden Acker- und Weideflächen bald nicht mehr zur Ernährung der Familien ausreichten. So waren viele Gönninger gezwungen, ihren Lebensunterhalt außerhalb der Landwirtschaft zu suchen. Ihnen kam zugute, dass die Wirtschaftspolitik im damaligen Herzogtum Württemberg bereits weitgehende Gewerbefreiheit gewährte.

Angefangen hat es mit dem Handel von Dörrobst von den heimischen Streuobstwiesen, das die Gönninger auf der Alb und im Schwarzwald verkauften. Später kamen weitere Handelswaren hinzu wie Käse, Honig, Setzlinge, Nüsse, dann auch Samen und letztendlich Blumenzwiebeln. Der Hausierhandel mit den begehrten Tulpenzwiebeln entwickelte sich zur wichtigsten Einnahmequelle.

Die Sämereien und Blumenzwiebeln konnten jedoch im Gegensatz zum Trockenobst in Gönningen selbst nicht im nötigen Umfang angebaut werden. Das kühle Klima in über 500 Metern und die Kleinparzellierung der Ackerflächen erlaubten dies nicht. Deshalb wurden die Sämereien und Blumenzwiebeln zum Teil in weit entfernten Orten – so im holländischen Haarlem – angekauft und dann gewinnbringend vertrieben.

Der Höhepunkt des Gönninger Hausierhandels lag um die Mitte des 19. Jahrhunderts als etwa die Hälfte der Bevölkerung – unter ihnen auch viele Frauen – auf Reisen gingen. Ihre Absatzgebiete lagen in ganz Europa bis in die Türkei und Russland, ja auch in Nordamerika. Die Reisen damals waren langwierig und gefährlich. Viele der Händlerinnen und Händler kamen nicht mehr zurück. Sie starben unterwegs.

Spätestens mit dem Bau der Eisenbahn von Reutlingen nach Gönningen 1901/1902 kam es zum Strukturwandel im Gönninger Handelsgewerbe: weg vom Hausierhandel, hin zum Versandhandel. Im 20. Jahrhundert gingen durch die beiden Weltkriege viele der traditionellen Absatzgebiete verloren. Dies führte dazu, dass ein Großteil der Gönninger Samenhandlungsbetriebe aufgeben musste. An ihre Stelle traten Gartencenter, Bau- und Supermärkte. Heute verdienen nur noch wenige Familien in Gönningen ihren Lebensunterhalt mit Samenhandel.

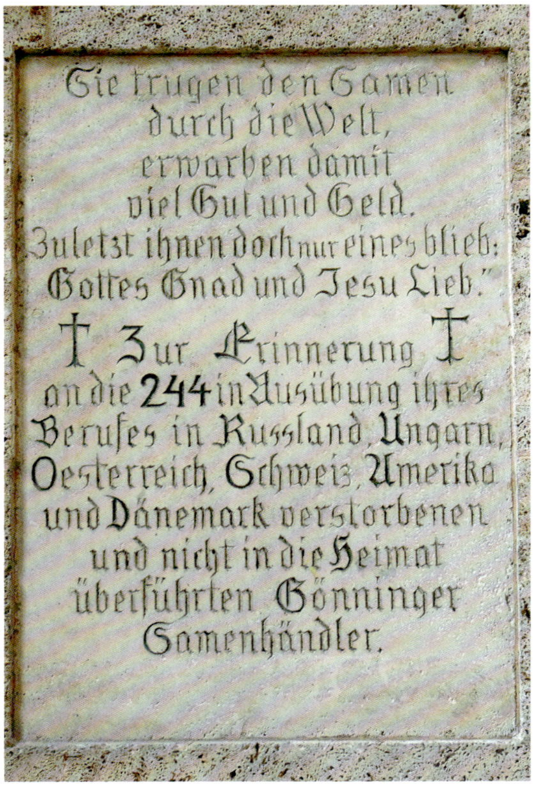

Links: Das Samenhandelsmuseum in Gönningen informiert über Geschichte und Tradition der Samenhändler. Rechts: Samenhändlerdenkmal in der Peter-und-Paul-Kirche in Gönningen

Im Gönninger Rathaus wurde 1994 das Samenhandelsmuseum eingerichtet. Es lässt mit zahlreichen Exponaten, Dokumenten und Zeugnissen und einer rekonstruierten Packstube eines Samenhändlers mit den typischen alten Schubladenregalen die Geschichte und Tradition des Gönninger Samenhandels wieder lebendig werden. (Öffnungszeiten: Montag bis Freitag 8 bis 12 Uhr, Donnerstag 14 bis 18 Uhr; Kontakt: heimatmuseum@reutlingen.de)

In der evangelischen Peter-und-Paul-Kirche in Gönningen erinnert ein Samenhändlerdenkmal an die 244 Händlerinnen und Händler, die von ihren Handelsreisen nicht mehr nach Hause zurückkehrten. Nicht wenige von ihnen wählten aus Verzweiflung den Freitod, andere wurden ermordet oder starben unterwegs an Krankheiten.

Das aus Kalktuff 1943 geschaffene Denkmal erinnert auch an ein weiteres in der Vergangenheit für Gönningen wichtiges Gewerbe, den Abbau von Kalktuff. Der industrielle Abbau des von der Wiesaz reichlich abgelagerten Kalktuffs begann 1912 durch Wilhelm Schwarz aus Pfullingen. Das Tuffsteinwerk oberhalb von Gönningen gewann vor allem in der Zeit des Nationalsozialismus überregionale Bedeutung, als man auf die Verwendung einheimischen Baumaterials großen Wert legte. Unter anderem wurde Gönninger Kalktuff beim Bau des Berliner Olympiastadions und beim Bau des Reichsparteitagsgeländes in Nürnberg verwendet.

Beim Wiederaufbau nach dem Zweiten Weltkrieg fanden die aus Kalktuff-Abfall entwickelten Tuff-Hohlblocksteine großen Absatz. Nachdem die Tuffsteinvorkommen im oberen Wiesaztal abgebaut waren, wurde das Steinwerk 1975 geschlossen. Inzwischen ist das ehemalige Abbaugelände zu einem Naherholungsgebiet mit mehreren Seen umgestaltet worden. Seit 2003 gibt es einen ausgeschilderten Tuffsteinlehrpfad von Gönningen hinaus zu den ehemaligen Tuffsteinbrüchen.

Zwischen Steinlach und Starzel

Nachdem wir den Mössinger Bergrutsch als logische Weiterentwicklung von Höllenlöchern und dergleichen bewusst vorgezogen haben, wollen wir uns nun am Ende des Albtraufs der Mittleren Alb noch einem Naturdenkmal im Albvorland zuwenden und uns dort die Möglichkeit zu einem Spaziergang auf dem Grund des Jurameeres nicht entgehen lassen. Unser zweites Ziel gilt einem bekannten Bergkegel hoch oben auf dem Heufeld, der sowohl bei Wanderern als auch bei Pilgern sich großer Beliebtheit erfreut.

Das Ofterdinger »Schneckenpflaster« – Stein gewordenes Zeugnis des Jurameeres

Die Steinlach entspringt am Albtrauf in der Nähe von Mössingen-Talheim in rund 700 Metern Höhe. Auf ihrem kurzen Weg zum Neckar, den sie bei Tübingen erreicht, durchschneidet sie alle Gesteinsformationen

Manchmal muss man die Ammoniten mit dem Schrubber vorsichtig von Algen und Schlamm befreien, um sie bewundern zu können.

Den harten Kalksteinbänken des Unterjura alpha ist es zu verdanken, dass die herrlichen Versteinerungen (hier die Ammonitenart Arietites) noch nicht der Erosion zum Opfer gefallen sind.

des Juras und nördlich des Albvorlandes sogar die Keuperschichten bis zum Schilfsandstein. In der Ortsmitte von Ofterdingen hat die Steinlach in ihrem Flussbett die etwa 16 Meter mächtige älteste Schicht des Unteren Juras, den Unteren Jura alpha, freigespült und dabei auch eine Vielzahl darin enthaltener Fossilien freigelegt. Vor allem die Steinkerne der drei Leitfossilien dieser blaugrauen Gesteinsschicht fallen dem Besucher dieses Naturdenkmals ins Auge: Ammoniten der Gattung Arietites mit ihren stark gerippten, zum Teil wagenradgroßen Gehäusen, einzelne Steinkerne der ähnlich großen Nautilus giganteus sowie zahlreiche Versteinerungen der wesentlich kleineren Austernmuschel Gryphaea arcuata.

Aufgrund der lateinischen Namen für diese drei Leitfossilien bezeichnen Paläontologen diese fossilreichen Kalkbänke entweder als Gryphaeenkalke, Arietenschichten oder Arcuatenkalke. Die in sie eingebetteten Tiere lebten vor rund 180 Millionen Jahren im flachen Jurameer. Ihr reiches Vorkommen hier legt die Vermutung nahe, dass der ehemalige Küstenverlauf nicht weit entfernt war. Die Schalen der toten Tiere wurden von der Strömung dorthin verfrachtet, eingebettet und schließlich versteinert.

Wegen der Ähnlichkeit der Ammonitengehäuse mit Schnecken bezeichnet der Volks-

mund die Fossilien als Ofterdinger »Schneckenpflaster«. Wer durch den Ort fährt, sollte sich die Chance nicht entgehen lassen – vorausgesetzt die Steinlach führt nicht gerade Hochwasser – einen Spaziergang auf dem Grund des einstigen Jurameeres zu unternehmen und dabei die Fossilien zu bewundern. Aber bitte daran denken: Das Herausschlagen von Versteinerungen ist streng verboten. Das »Schneckenpflaster« liegt an dem Abschnitt der Steinlach in Ofterdingen, der parallel zur Kriegsstraße verläuft. Übrigens, auch Goethe hat schon das Ofterdinger Ammonitenpflaster besucht, und zwar 1797 auf seiner Reise in die Schweiz.

Der Kornbühl – eine »Insel« auf dem Heufeld

Rund 80 Meter hoch erhebt sich der Bergkegel des Kornbühls (887 m) als Zeugenberg der Kuppenalb über die weite Schichtfläche des Heufeldes (Seite 114). Die Schichtflächenalb besteht hier aus Oberen Juras beta. Der Kornbühl dagegen baut sich hauptsächlich aus Tonmergeln des Oberen Juras gamma auf, die durch eine Restkuppe aus widerstandsfähigen Massenkalken des Oberen Juras delta vor der Abtragung geschützt werden. Auf dem flachen Heufeld dominiert trotz der Höhenlage von rund 800 Metern der Ackerbau, da der Kalkverwitterungslehm noch befriedigende Erträge hergibt.

Trotz der Flurbereinigung im Jahr 1984 verraten die zum Teil noch handtuchschmalen Parzellen das ehemalige Realerbteilungsgebiet. Auch die vor der Flurbereinigung durchgängig vorhandene Anordnung der Parzellen parallel zum Hang (um durch Konturpflügen die Bodenabtragung zu vermindern) ist noch zu erkennen. Auch die von Büschen bewachsenen Leseriegel außerhalb des Ringwegs haben die Flurbereinigung Gott sei dank wenigstens zum Teil überlebt und stellen heute wertvolle Biotope in der sonst weitgehend ausgeräumten Agrarlandschaft dar.

Aber auch das Landschaftsbild des Kornbühls hat sich im Laufe der Zeit gewandelt. Noch bis zur Mitte des 20. Jahrhunderts wurde auch der Berg landwirtschaftlich genutzt: Der Hangfuß zum Ackerbau und als einmähdige Wiesen zur Futtergewinnung sowie die steilen Hänge oben am Berg als Weide. Mit Aufgabe der Bewirtschaftung des Kornbühls setzte die natürliche Sukzession ein. Die Wacholderheiden verbuschten zunehmend und Eschen, Kiefern und Fichten breiteten sich wieder aus. Es drohte die Vielfalt der Pflanzen der bisher offenen Kalkmagerrasen unter Büschen und Bäumen zu verschwinden.

Um dieser Entwicklung Einhalt zu gebieten wurden 1983 knapp zwölf Hektar des Kornbühls unter Naturschutz gestellt. Um die Offenhaltung des südexponierten Trockenhangs und der Wacholderheiden zu erreichen, sind fortwährende landschaftspflegerische Eingriffe notwendig, die vom Schwäbischen Albverein in Zusammenarbeit mit dem staatlichen Landschaftspflegetrupp geleistet werden. Inzwischen weiden auch wieder Schafherden am Kornbühl. Auch sind die typischen Pflanzen der Wacholderheide wie Silberdisteln, verschiedene Enzian- und Orchideensorten sowie Küchenschellen wieder reichlich vertreten. Entsprechend vielfältig und reichhaltig ist auch die Insektenwelt.

Der Kornbühl ist schon immer ein beliebtes Ziel von Wanderern und Pilgern gewesen. Zur weithin sichtbaren Salmendinger Kapelle mit den drei Kreuzen auf dem Gipfel führt ein Kreuzweg mit 14 Stationen. Die der heiligen Anna geweihte Wallfahrtskapelle wurde 1507 erstmals urkundlich erwähnt. Ihr genaues Alter ist jedoch unbekannt. Vor allem im 18. Jahrhundert war der Kornbühl eine viel besuchte Wallfahrtsstätte. Einsiedler, die sich zu einem mönchischen Leben verpflichtet hatten, betreuten damals Pilger und Wallfahrtskapelle.

Die Eremitenklause stand windgeschützt unterhalb der Kapelle. Ihr ehemaliger Standort ist auf dem Luftbild unten an dem weißen Fleck etwa 30 Meter von der Kapelle entfernt direkt neben dem Kreuzweg zu erkennen. Als 1806 im Zuge der Säkularisierung die Annakapelle in den Besitz der weltlichen Gemeinde Salmendingen überging, versahen noch bis ins Jahr 1850 Laien den Mesnerdienst dort oben auf dem Kalvarienberg. Danach zerfiel die Klause und wurde 1872 abgerissen. Anlässlich des 500-Jahr-Jubiläums der Salmendinger Kapelle 2007 wurden an der Stelle der ehemaligen Klause eine Bronzeskulptur und eine Tafel enthüllt, die an dieses Stück Kulturgeschichte hoch über dem Heufeld erinnern.

Vom Kornbühl genießt man an klaren Tagen übrigens eine grandiose Fernsicht bis zum Schwarzwald und zu den Alpen.

Der Kornbühl mit der Salmendinger Kapelle ist das Wahrzeichen des Heufeldes.

Südwestalb

Die Südwestalb reicht vom Tal der Starzel bis hinunter an den Hochrhein. Da die Alb im Südwesten am höchsten herausgehoben wurde, ist hier auch der Trauf am höchsten. Das kältere Klima in einer Höhe von rund 1000 Metern und die Nähe zum Schwarzwald hat zur Folge, dass hier die Buchenwälder zunehmend von Tannen und Fichten durchsetzt sind. Durch die stärkere Heraushebung der Alb in diesem Bereich ist sie der Erosion besonders stark ausgesetzt, deshalb bildet heute der Obere Jura beta weitgehend den Trauf.

Die Zollernalb

Der Albtrauf der Zollernalb umfasst in etwa den Bereich zwischen Starzel und Eyach. Er wird – wie der Name schon sagt – vom markanten Zeugenberg des Hohenzollern geprägt. Kontrastreicher könnten die Themen nicht sein, mit denen wir uns im Bereich der Zollernalb beschäftigen wollen. Zuerst steigen wir wieder hinab ins Albvorland, um uns über den Holocaust im Rahmen des NS-Ölschieferprogramms Unternehmen »Wüste« zu informieren. Anschließend widmen wir uns der Geschichte der Burg Hohenzollern als nationalem Denkmal des 19. Jahrhunderts. Dann geht es über beweidete Wacholderheiden hinauf zur Michaelskirche, einem kunsthistorischen Kleinod der Romanik hoch droben auf der Burgfeldener Hochfläche.

Das Unternehmen »Wüste« – Erinnerungen an ein KZ im Ölschiefer

Der Posidonienschiefer (Unterer Jura epsilon) steht fast im gesamten Albvorland zwischen Ries und Randen an. Den Namen verdankt er seinem Leitfossil, der Muschel Posidonia bronni. Weltberühmt wurde der Posidonienschiefer durch die einzigartigen Fossilienfunde von Sauriern, Fischen, Seelilien, Meereskrokodilen und vielen mehr bei Holzmaden und Dotternhausen. Posidonienschiefer enthält jedoch nicht nur Fossilien, sondern auch Bitumen, eine Kohlenwasserstoffverbindung, aus der man Öl gewinnen kann. Deshalb wird er auch als Ölschiefer bezeichnet.

Der Bitumengehalt des Ölschiefers kann zwischen zehn und 20 Prozent betragen. Die Brennbarkeit des Ölschiefers führte in der Vergangenheit immer wieder zu lang anhaltenden Bränden entlang der Schwäbischen Alb. Friedrich August Quenstedt berichtete von einem Brand im 17. Jahrhundert in einer Schiefergrube bei Bad Boll, der sechs Jahre lang dauerte, bis er von selbst erlosch. Dabei floss Öl aus dem Boden, das als Steinöl verkauft wurde.

Das Naturschutzgebiet »Beurener Heide« nahe Hechingen liegt in reizvoller Landschaft am Fuß des Albtraufs. Im Hintergrund Beuren und der Zollern

KZ-Friedhof Bisingen am Fuß des Zollern. Auf diesem Ehrenfriedhof wurden 1947 die Toten des KZ Bisingen beigesetzt.

Quenstedt war es auch, der Mitte des 19. Jahrhunderts anregte, Öl aus dem Posidonienschiefer zu destillieren. Dies gelang tatsächlich um 1870, wurde jedoch wegen mangelnder Rentabilität bald wieder aufgegeben. Der Aufwand stand in keinem Verhältnis zum Ertrag. Erst im Zuge der Autarkiebestrebungen im Dritten Reich nahm man entsprechende Versuche wieder auf. Gegen Ende des Zweiten Weltkriegs, als die Treibstoffversorgung von Wehrmacht und Luftwaffe zusammenbrach, ordnete die Reichsführung unter dem Decknamen »Wüste« die Nutzung des Ölschiefers im Albvorland an. Wirtschaftliche Überlegungen spielten jetzt keine Rolle mehr.

Das Projekt »Wüste« sah zehn Schieferwerke entlang der Bahnlinie Tübingen–Rottweil vor, in denen Schweröl durch Schwelung aus Ölschiefer gewonnen werden sollte. Die Produktionsanlagen sollten im Jahr 1944 innerhalb von drei Monaten errichtet und in Betrieb gehen. Für das Unternehmen »Wüste« wurden von der SS sieben Konzentrationslager für insgesamt rund 10 000 Häftlinge errichtet. Organisatorisch waren die Lager als so genannte Außenkommandos dem Konzentrationslager Natzweiler/Struthof im Elsass angegliedert.

Die Häftlinge stammten überwiegend aus den Konzentrationslagern Danzig/Stutthof, Auschwitz und Buchenwald, Dachau und Vaihingen an der Enz. Sie wurden zwischen August 1944 und März 1945 hierher an den Rand der Schwäbischen Alb transportiert. Für sie trat an Stelle der Ermordung in den Vernichtungslagern im Osten Europas die »Vernichtung durch Arbeit«. Nur in vier der zehn Ölschieferwerken lief die Produktion tatsächlich an: »Wüste 2« in Bisingen, »Wüste 4« in Erzingen, »Wüste 8« in Dormettingen und »Wüste 9« in Schömberg.

Bis zum Kriegsende konnten dort gerade mal 1500 Tonnen Öl schlechtester Qualität gewonnen werden. Für dieses wahnwitzige Unternehmen mussten Tausende Menschen einen sinnlosen und grausamen Tod sterben. Allein im KZ Bisingen haben von den 4150 Häftlingen mehr als die Hälfte das Kriegsende nicht mehr erlebt. Die im Lager starben, wurden in einem Massengrab außerhalb des Ortes verscharrt. Die anderen Häftlinge transportierte man bei der Räumung des Lagers Mitte April 1945 in verschiedene Sterbelager oder schickte sie auf Todesmärsche ins Alpenvorland.

Nach Kriegsende ordnete die französische Militärregierung die Exhumierung der verscharrten 3480 KZ-Häftlinge an. Die Dunkelziffer dürfte jedoch weit höher gewesen sein. Allein in Bisingen wurden 1158 Leichen gefunden. Sie wurden auf dem 1947 angelegten Ehrenfriedhof unweit der Fundstelle beigesetzt. In der Mitte des KZ-Friedhofs steht ein großes Kreuz mit drei Gedenktafeln. Die anfangs errichteten über tausend Holzkreuze ersetzte man später durch paarweise gesetzte Steinkreuze. Eine Bronzetafel am Eingang informiert über die Geschichte des KZ Bisingen. An die jüdischen Opfer des KZ erinnert ein besonderes Mahnmal.

Seit 1996 gibt es im Bisinger Heimatmuseum die sehenswerte Ausstellung »Mut zur Erinnerung – Mut zur Verantwortung«, die sich mit der Geschichte des KZ Bisingen auseinandersetzt (Kirchgasse 15, 72406 Bisingen; geöffnet sonntags 14 bis 17 Uhr und nach Anfrage: Gemeinde Bisingen, Telefon (0 74 76) 8 96-1 31, www.bisingen.de). Ein Geschichtslehrpfad ergänzt die Ausstellung. Man erreicht den KZ-Friedhof über die Bundesstraße B 27, Ausfahrt Bisingen und folgt dem Hinweisschild »KZ-Friedhof Bisingen«.

Der Zollern – Zeugenberg und Zeitzeuge zugleich

Die Burg Hohenzollern steht auf dem 855 Meter hohen Zollern, der als Zeugenberg dem Albtrauf vorgelagert ist. Während die harten Oberjura beta-Gesteinsschichten auf seinem Gipfel bezeugen, dass er früher einmal zur Alb gehörte, zeugt die heutige Burg Hohenzollern dort oben vom romantischen Zeitgeist, der ihre Enstehungszeit prägte (Seite 120/121). Aber der Hohenzollern ist auch ein weithin sichtbares Zeichen preußischer Macht, die sich bis dahin auf den Osten und Norden Deutschlands beschränkte. Nun schickte sie sich an, auch im Südwesten Fuß zu fassen. Doch halt, alles schön der Reihe nach.

Die erste Burg der Grafen von Zollern geht vermutlich auf das 11. Jahrhundert zurück. Die Zollern waren ein bedeutendes Hochadelsgeschlecht, von dem sich um 1170 die Grafen von Hohenberg abspalteten. Nach 1200 teilte sich das Grafengeschlecht der Zollern weiter in eine schwäbische und fränkische Linie. Während die fränkische Linie Karriere machte und über das Burggrafen-Amt in Nürnberg und die Markgrafenwürde von Brandenburg ab 1701 auf den preußischen Königsthron gelangte und von 1871 bis 1918 die deutschen Kaiser stellte, erlebte die schwäbische Linie durch Familienstreitigkeiten einen Niedergang, der 1423 mit der Zerstörung der ersten Zollernburg durch den Bund der schwäbischen Reichsstädte ihren Tiefpunkt erreichte.

Die zweite Burg auf dem Zollern entstand zwischen 1454 und 1461. Wer sich übrigens ein Bild von dieser späteren Zollernburg machen will, der besuche die evangelische Kirche im Balinger Stadtteil Engstlatt. Dort zeigt ein gotisches Passionsbild im Chor eben diese Burg. Obwohl vor dem Dreißigjährigen Krieg zur Festung ausgebaut, wurde sie 1634 von den

Württembergern eingenommen. Nach dem Dreißigjährigen Krieg war sie überwiegend in habsburgischem Besitz. Nach dem Abzug der Habsburger verfiel die Burg zur Ruine.

1576 entstanden durch Teilung der schwäbischen Linie der Zollern die Haigerlocher, Hechinger und Sigmaringer Linien. Während der Haigerlocher Zweig 1634 erlosch, wurden die Hechinger und Sigmaringer Linien in den Reichsfürstenstand erhoben. So entstanden die beiden souveränen Fürstentümer Hohenzollern-Hechingen und Hohenzollern-Sigmaringen. Die 1848er-Revolution führte dazu, dass die beiden hohenzollerischen Fürsten abdankten und ihre Fürstentümer per Staatsvertrag als hohenzollerische Lande dem preußischen Staat angegliedert wurden. Der Staatsvertrag kam zustande, weil der verwandte preußische König Friedrich Wilhelm IV. in der Angliederung der beiden Fürstentümer an Preußen die Chance sah, im Süden von Deutschland Fuß zu fassen, um die angestrebte Einigung ganz Deutschlands unter der Krone Preußens voranzutreiben.

Der Wiederaufbau der fast zerfallenen Stammburg der Hohenzollern erfolgte in den Jahren 1850 bis 1867 nach den Entwürfen des preußischen Hofarchitekten Stühler, einem Schüler Schinkels. Sie wurde auf den Grundmauern der Vorgängerburg errichtet. Die sie umgebenden Festungsanlagen entwarf Oberst von Prittwitz, der Erbauer der Bundesfestung in Ulm.

Was nach siebzehnjähriger Bauzeit herauskam, war keine mittelalterliche Burg und auch keine Festung sondern wie es der Historiker Paul Münch ausdrückte: »Ein zu Stein gewordenes ideologisches Programm, das den bereits erfolgten und für die Zukunft erwünschten Aufstieg der Hohenzollerndynastie verkündete. Einzelne Baukomplexe erscheinen wie Stein gewordene Stationen der Stufe für Stufe erfolgten Machterweiterung der Zollerndynastie, vom Grafensaal über den Bischofs- und Markgrafenturm, den Fürsten- und Königsbau zum Kaiserturm, der mit den Kaiserstatuen in der Kaiserhalle

als Versprechen auf die Zukunft gelesen werden sollte.«

Vier Jahre später war 1871 mit der Gründung des Deutschen Kaiserreichs ein deutscher Nationalstaat unter der Herrschaft der preußischen Hohenzollern entstanden und die Burg Hohenzollern zum romantisch ver-

klärten Sinnbild des neuen Reiches am Albtrauf geworden. Heute ist die Burg Hohenzollern mit jährlich rund 350 000 Besuchern eine der touristischen Attraktionen der Alb.

Am 3. September 1978 wurde die Burg bei einem Erdbeben erheblich beschädigt. Die Restaurierungsarbeiten dauerten bis in die 1990er-Jahre. Der Zollerngraben, dem ja der Zollern seine Existenz als Zeugenberg verdankt, wird fälschlicherweise immer wieder für die Erdbeben verantwortlich gemacht. Diese Erdbeben gingen jedoch von der so genannten Albstadt-Scherzone aus, einer Schwächezone in fünf bis zehn Kilometern Tiefe.

Die Burg Hohenzollern zeugt unter anderem vom romantischen Zeitgeist ihrer Entstehungszeit.

Schwerpunktthema: Arm und reich zugleich

Wacholderheiden, das sind mit Wacholderbüschen bestandene Schafweiden. Sie sind die Wahrzeichen der Schwäbischen Alb. Ihre größte Verbreitung in Baden-Württemberg haben die Wacholderheiden auf den Jurakalken der Schwäbischen Alb. Wir finden sie auf den Hochflächen genauso wie an den Steilhängen des Albtraufs. Hier bildeten sie früher unterhalb der Hangbuchenwälder auf den Böden des oberen Braunjura ein zusammenhängendes schmales Band, einen Weideverbund, der es dem Schäfer ermöglichte, auch die abgelegensten Weiden zu »befahren«. Heute existieren meist nur noch Reste dieses Verbundsystems und machen dem Schäfer das Umherziehen mit seiner Herde schwer.

Blick auf eine dicht mit Wacholderbüschen bewachsene Schafweide auf der Zollernalb

Wacholderheiden liegen meist auf ehemaligen Waldstandorten und sind durch Waldweide, eine besondere Form der Waldnutzung, entstanden. Die ursprünglich geschlossenen Wälder wandelten sich bei intensiver Beweidung durch Schafe, Rinder und Pferde und gleichzeitiger Holznutzung allmählich zu lichten Parklandschaften, den Hardten. Im alten Teil des ehemaligen Truppenübungsplatz Münsingen, dem Münsinger Hardt, ist eine derartige Parklandschaft bis auf den heutigen Tag erhalten geblieben.

Aufgrund ihrer kargen Bodenverhältnisse gehören die Wacholderheiden zur Gruppe der Kalkmagerrasen und werden wegen ihrer Nutzung auch als Magerweiden bezeichnet, im Gegensatz zu den Magerwiesen, den Mähdern. Diese werden gemäht, aber das nur einmal im Jahr um Johanni (24. Juni), denn mehr Aufwuchs gibt der Boden nicht her.

Artenreiches Pflanzenleben trotz Nährstoffarmut zeichnet die kurzhalmigen, lockerwüchsigen Heideflächen aus. Statt saftigem Wiesengrün herrschen hier das ganze Jahr über Gelb- und Brauntöne vor und zeigen so auch optisch einen Mangel an Stickstoff an. Dieser ist durch fehlende Düngung, häufiges Austrocknen des Oberbodens und vor allem durch den ständigen Nährstofftransfer der weiterziehenden Schafherden verursacht. Trotz karger und rauer Lebensbedingungen beherbergen Wacholderheiden, im Gegensatz zu den heute intensiv genutzten Wirtschaftswiesen, eine blütenreiche und artenreiche Flora. Sie werden pflanzensoziologisch den Enzian-Schillergras-Halbtrockenrasen zugeordnet.

Bemerkenswert ist, dass die Artenzusammensetzung verschiedener Schafweiden weitgehend übereinstimmt. Eine Tatsache, die sich in erster Linie durch die Beweidung erklären lässt. Alles, was den Schafen nicht schmeckt oder nicht gefressen werden kann, bleibt erhalten, wächst, gedeiht und prägt das Blütenbunt. So entziehen sich die Enziane (Frühlings-, Deutscher- und Fransen-Enzian) durch Bitterstoffe dem Gefressenwer-

Oben: Die Wacholderheide, zwischen Hangbuchenwäldern und Streuobstwiesen gelegen, tritt durch ihre schüttere Braunfärbung hervor. Unten links: Frühlingsenziane, im Schwäbischen auch »Schusternägele« genannt, sind geschützt. Ihre azurblauen »Stiel-Teller-Blüten« sind sehr auffällig. Die Blütenform und die leuchtende Färbung deuten darauf hin, dass ihre Bestäubung hauptsächlich von Tagfaltern übernommen wird. Unten rechts: Ein Wanderschäfer auf der Schopflocher Alb, überrascht vom frühen Wintereinbruch an Allerheiligen

den. Stachelige und dornige Pflanzen, wie Stengellose Kratzdistel, Silberdistel und der Dornige Hauhechel werden von den Schafen ebenso gemieden wie Pflanzen, die Bitterstoffe oder ätherische Öle enthalten, wie Feld-Thymian, Dost, Zypressen-Wolfsmilch und Küchenschelle.

Aber das Schafmaul hat auch noch einen anderen Vorteil. Ohne den Biss der Weidetiere würden die Holzgewächse überhand nehmen und es käme so zur Wiederbewaldung. Überleben können hier also nur die mit wehrhaften Nadeln, Dornen und Stacheln ausgestatteten Wacholder, Schlehen, Weißdorne und Wildrosen. Für den Aufwuchs von nicht gewünschten Nadelgehölzen ist der Einsatz von Mensch und Maschine gefordert im Rahmen von Landschaftspflegemaßnahmen.

Oben: Schafherde mit Weidbuchen, die, wie gestutzt, in typischer Manier von den Schafen unten auf einer Linie abgefressen sind. Unten links: Ein Wacholderzweig mit seinen stechenden Nadeln. Die Früchte, so genannte nicht verholzte Beerenzapfen, färben sich erst im 2. und 3. Jahr bläulich oder schwarzbraun und werden dann genießbar. Ihre ätherischen Öle machen sie zu einem beliebten Gewürz. Unten rechts: Küchenschellen, die schönsten Frühblüher unserer Schafweiden, tragen ein dichtes Haarkleid zum Schutz vor Kälte und eisigen Winden.

Wacholderheiden sind wertvolle Lebensräume und haben als Zeugen einer ehemals weit verbreiteten Weidewirtschaft auch große kulturhistorische Bedeutung. Leider sind seit dem Beginn des 20. Jahrhunderts infolge des Niedergangs der Schäferei und der Intensivierung der Landwirtschaft mehr als 50 Prozent der Schafweiden verschwunden.

So erreichte Mitte der 1960er-Jahre der Schafbestand in Baden-Württemberg mit nur noch rund 116 000 Tieren seinen Tiefststand. Ende des 19. Jahrhunderts hatte es allein in Württemberg noch fast 600 000 Schafe gegeben. Heute ist der Bestand durch eine Vielzahl staatlicher Fördermaßnahmen wieder auf etwa 300 000 Tiere im ganzen Ländle angewachsen, davon allein 100 000 auf der Schwäbischen Alb. Schwerpunkt der Schafhaltung auf der Alb ist übrigens das Gelände des ehemaligen Münsinger Truppenübungsplatzes.

Nur durch eine Subventionierung der Schafhaltung in Kombination mit landschaftspflegerischen Begleitmaßnahmen, wie dem gezielten Einsatz von Ziegen und durch mechanische Gehölzrodung, lassen sich Schafweiden langfristig erhalten.

Burgfelden – frühes geistliches Zentrum auf der Zollernalb

Burgfelden liegt etwas abgelegen auf einem kleinen nach allen Seiten hin steil abfallenden Hochplateau am Trauf der Zollernalb. Mit rund 350 Einwohnern ist es heute die kleinste Teilgemeinde von Albstadt. Mit 912 Metern zählt sie zu den höchstgelegenen Orten auf der Schwäbischen Alb.

Burgfelden war im Früh- und Hochmittelalter Mittelpunkt einer kleinen Adelsherrschaft. Sie bestand ursprünglich nur aus dem Herrenhof, der Kirche und dem Pfarrhaus. Kirchlich spielte Burgfelden in dieser Zeit eine wichtige Rolle. Als so genannte Urpfarrei war es im Zuge der Christianisierung ländlicher Gegenden geistliches Zentrum der Zollernalb.

Im Jahr 1064 schenkte Graf Rudolf von Habsburg den Burgfelder Herrensitz samt der Michaelskirche dem elsässischen Kloster Ottmarsheim. Etwa Mitte des 13. Jahrhunderts kam Burgfelden zur zollerischen Herrschaft Schalksburg; deren Burganlage nur wenig entfernt auf einem Felssporn hoch über der Eyach lag. 1403 ging die Herrschaft Schalksburg und damit auch Burgfelden an Württemberg über. Das Bauerndorf Burgfelden entstand im späten Mittelalter, als der grundherrliche Landbesitz in Bauerngüter aufgeteilt wurde.

Die Michaelskirche liegt innerhalb eines in die Reihengräberzeit zurückreichenden Friedhofs. Sie ist ein bedeutendes kunsthistorisches Kleinod und als solches Ziel vieler Besucher. Der bestehende Kirchenbau präsentiert sich dem Besucher als eine schlichte Saalkirche aus dem 11. Jahrhundert mit einem schlanken, quadratischen Turm, der ursprünglich nur vier Geschosse hoch war. Das fünfte Stockwerk wurde als hölzerne Glockenstube um 1500 aufgesetzt.

Die Michaelskirche in Burgfelden ist ein bedeutendes kunsthistorisches Kleinod.

Überhaupt hat die gesamte Michaelskirche eine lange und wechselvolle Baugeschichte. Als Ende des 19. Jahrhunderts der bestehende Kirchenbau wegen Baufälligkeit abgerissen werden sollte, entdeckte man wertvolle Wandmalereien an den Innenwänden. Kunsthistoriker erkannten in ihnen enge Verbindungen zur Kunst auf der Insel Reichenau im Bodensee. Das Kirchengebäude wurde daraufhin mit einem provisorischen Dach versehen.

1893 kaufte das Königreich Württemberg die Kirche mit dem Ziel, sie zu restaurieren. Nachdem man 1892 bis 1897 die Wandmalereien gesichert und Kopien davon angefertigt hatte, erfolgten zwischen 1954 und 1957 umfangreiche Restaurierungsmaßnahmen. Bei gleichzeitig durchgeführten Grabungen in der Kirche stieß man auf Fundamente eines noch älteren Kirchenbaus aus dem frühen 8. Jahrhundert.

Heute weiß man, dass die Gründung dieser ersten Kirche im Zusammenhang mit der fränkischen Kolonisation Alamanniens zu sehen ist. Kirchengründer war demnach ein Franke, der sich Ende des 7. Jahrhunderts auf der strategisch günstig gelegenen Hochebene niedergelassen hatte. Im 11. Jahrhundert dann wurde die ältere Kirche abgebrochen und durch die jetzt bestehende Kirche ersetzt.

Wenn man die Kirche genauer betrachtet, fällt auf, dass im Laufe der folgenden Jahrhunderte nicht nur der Turm aufgestockt wurde, sondern auch am Kirchengebäude selbst Veränderungen vorgenommen wurden. Vor allem die in der Gotik vorgenommenen Umbauten lassen sich an der (den Gräbern zugewandten) Südwand ablesen. So wurden zwei der kleinen romanischen Fenster dort durch spitzbogige Fenster vergrößert, um mehr Licht ins Kircheninneren zu bringen. Auch wurde eine Eingangstür in die Kirche in die Wand gebrochen. Weitere später vorgenommene Veränderungen wurden bei den Renovierungsarbeiten in den 1950er-Jahren teilweise wieder rückgängig gemacht.

Nach erneut notwendig gewordenen Konservierungs- und Restaurierungsmaßnahmen

Neben der Schlichtheit des Kirchensaals beeindrucken vor allem die frühromanischen Wandmalereien im Innern der Michaelskirche.

Blick vom Aussichtsfelsen Böllat nach Westen auf die Balinger Berge

von 2001 bis 2003 konnte die Michaelskirche im Herbst 2004 wieder der Öffentlichkeit zugänglich gemacht werden. Neben der Schlichtheit des Kirchensaals beeindrucken vor allem die frühromanischen Wandmalereien den Besucher. Das durchgängige Thema der gesamten Wandmalereien ist die Bestrafung der Sünder und die Belohnung der Gerechten. Sie gipfelt in der Darstellung des Jüngsten Gerichts, das die gesamte Ostwand hinter dem Altar einnimmt. Die Stuhlreihen weisen darauf hin, dass die Michaelskirche heute für Kirchenkonzerte und andere kulturelle Veranstaltungen genutzt wird.

Ein Abstecher nach Burgfelden lohnt sich. Der rührige Förderverein Burgfelden e. V. hat die Betreuung der Michaelskirche übernommen und bietet auch Führungen an. (Anmeldung bei Reinhard Mayer, Telefon (0 74 35) 5 55, Fax (0 74 35) 91 06 65, mayer@burfelderinfo.de)

Wer Burgfelden besucht, sollte nicht versäumen, einen kleinen Spaziergang zum Böllat (920 m), dem westlich des Ortes gelegenen Aussichtsfelsen, zu unternehmen. Bänke laden dort zum Verweilen und Genießen der Aussicht ein. Eine Orientierungstafel erleichtert das Einordnen des Geschauten. Direkt unterhalb des Felsen liegt das idyllische Wannental. Dahinter erkennt man gegenüber dem Eyachtal die Balinger Berge (von links nach rechts) Lochenhörnle, Lochen, Schafberg und Plettenberg mit dem Fernmeldeturm.

Balinger Berge

Die so genannten Balinger Berge Lochenhörnle, Lochen, Schafberg und Plettenberg bilden südlich von Balingen den Albtrauf, der hier zum ersten Mal die Eintausend-Meter-Marke überschreitet. Nach einem Besuch Balingens wollen wir die Besonderheiten dieser Berge kennenlernen und zum Abschluss im Zementwerk Dotternhausen uns über die Zementherstellung informieren, das attraktive Fossilienmuseum besuchen sowie einem Präparator bei der Arbeit zuschauen.

Pfortenstadt Balingen

Balingen hat mit den anderen am Fuß des Albtraufs gelegenen Städten vieles gemeinsam. Sie ist eine Pfortenstadt am Ausgang des Eyachtals ins Albvorland. Sie liegt durch die Täler der Eyach und der Schmiecha an einer bedeutenden Querachse über die Schwäbische Alb (Balingen–Albstadt–Sigmaringen). Ba-

Die Pfortenstadt Balingen liegt am Ausgang des Eyachtales ins Albvorland. Im Hintergrund die Balinger Berge

lingen ist wie die anderen -ingen-Städte eine alamannische Gründung. Auch lag die Stadt an einer bedeutenden Fernhandelsstraße, der so genannten Schweizerstraße, die von Cannstatt über Tübingen, Balingen, Tuttlingen und Engen nach Schaffhausen in die Schweiz führte. Soweit die Gemeinsamkeiten Balingens mit den anderen Städten am Nordrand der Alb.

Die Stadt Balingen wurde 1255 vom Grafen Friedrich von Zollern oberhalb der ursprünglichen alamannischen Siedlung am rechten Ufer der Eyach gegründet. Mit der Stadtgründung verbunden war das Marktrecht. Die auf rechteckigem Grundriss angelegte Stadt erhielt eine doppelte Ummauerung. 1403 kam Balingen durch Kauf an die Grafen von Württemberg und wurde Amtsstadt für die damals mit gekauften Ortschaften. Die Lage an der »Schweizerstraße« begünstigte die Entwicklung von Handel und Gewerbe. Balingen gedieh zu einer Gerberstadt. Das Gerberviertel am Mühlkanal erinnert heute noch daran. Aber auch die Landwirtschaft blieb bis ins 17. Jahrhundert eine wichtige Erwerbsquelle für die Bürger.

Nach dem letzten verheerenden Stadtbrand von 1809, bei dem nur die spätgotische Stadtkirche und einige wenige Häuser erhalten blieben, wurde die Stadt auf einem schachbrettförmigen Grundriss wieder neu aufgebaut. Er prägt bis heute das Bild der Innenstadt. Die Industrialisierung begann 1868 mit der Verlegung der Waagenbauwerkstätte des Schlossers Andreas Bizer von Ebingen nach Balingen. Daraus entwickelte sich eine der bedeutendsten Waagenfabriken in Deutschland. Heute ist Bizerba (Namensbildung aus Bizer und Balingen) ein weltweit agierender Spezialist für »Systemlösungen der Wäge-, Informations- und Food-Servicetechnik« mit insgesamt mehr als 3000 Mitarbeitern, davon rund 1000 allein im Stammwerk Balingen.

Ein weiteres Balinger Traditionsunternehmen im Waagenbau ist die Firma Kern & Sohn GmbH im Stadtteil Frommern. Auch dieses Familienunternehmen hat sich in seinen Sparten zum Weltmarktführer entwickelt. Ausgangspunkt für die Feinmess- und Präzisionswaagenindustrie im heutigen Zollernalbkreis waren die Erfindungen des Mechaniker-Pfarrers Philipp Matthäus Hahn (1739–1790), allen voran seine Neigungswaage. Er war von 1764 bis 1770 in Onstmettingen tätig.

Die günstige Verkehrslage Balingens wurde durch den Bau der Zollernalbbahn von Tübingen über Balingen und Ebingen nach Sigmaringen zwischen 1874 und 1878 noch verstärkt. Weitere Anknüpfungspunkte für die Industrialisierung waren in Balingen die Hausweberei und die Gerberei, aus denen sich die Textilindustrie sowie die Handschuh- und Schuhfabrikation entwickelte. Diese Industriezweige sind inzwischen jedoch weitgehend verschwunden. Heute dominieren in der industriellen Produktion die Branchen Maschinenbau, Metall- und Holzverarbeitung sowie Elektrotechnik.

Im Zuge der Verwaltungsreform Anfang der 1970er-Jahre wurde Balingen Sitz des neu geschaffenen Landkreises Zollernalb. Als Mittelzentrum innerhalb der Region Neckar-Alb ist Balingen heute mit 34 000 Einwohnern wirtschaftlicher und kultureller Mittelpunkt des Albvorlandes zwischen Hechingen und Rottweil.

Aus dem Luftbild links lässt sich schön die Verkehrsgunst Balingens ablesen: Die Talbucht der Eyach öffnet sich weit ins Albvorland und lässt Balingen und seinen Teilgemeinden genügend Platz sich auszudehnen. Im Bildvordergrund verläuft die Zollernalbbahn, die das Eyachtal aufwärts über die Alb nach Albstadt-Ebingen und weiter nach Sigmaringen führt. Am linken Bildrand erkennen wir den Einschnitt der Bundesstraße B 27 Richtung Rottweil. Sie ist Teil der einstigen »Schweizerstraße«.

Genau in der Bildmitte liegt das Stadtzentrum von Balingen, das vom weithin sichtbaren Turm der Stadtkirche überragt wird. Die

Im Zollernschloss in Balingen befindet sich heute das Waagenmuseum der Stadt.

Innenstadt wird von der breiten Friedrichsstraße, der Hauptgeschäftsstraße, und der sich anschließenden Bahnhofstraße durchzogen. Entlang der Bahnlinie stehen zum Teil noch die Gebäude der Fabriken, die früher auf die Bahn als Transportmittel angewiesen waren. Sie sind weitgehend dem Strukturwandel in den letzten Jahrzehnten zum Opfer gefallen, das heißt sie wurden entweder abgerissen oder umgewidmet.

Die großen Gewerbegebiete liegen heute vor allem südlich des Stadtkerns nahe der B 27. Auch die Wohngebiete haben längst die Talsohle verlassen und die Flächen des Unteren Juras im Albvorlandes erreicht. Der Albtrauf prägt das Landschaftsbild südlich von Balingen. Auf dem Bild erkennt man (von links nach rechts) das lang gestreckte Lochenhörnle, den Lochen, den Schafberg und den Plettenberg mit dem Fernmeldeturm.

Balingen ist als Mittelzentrum nicht nur eine attraktive Einkaufsstadt, sondern hat auch kulturell den Besuchern manches zu bieten: das Zollernschlössle, die Zehntscheuer mit dem Balinger Heimatmuseum und der Friedrich-Eckenfelder-Galerie (einem Impressionisten der Münchner Schule, der in Balingen lebte), das alte Gerberviertel am Mühlkanal, von den Einheimischen liebevoll als »Klein-Venedig« bezeichnet. Auch die spätgotische Stadtkirche lohnt einen Besuch. Die regelmäßigen Kunstausstellungen in der Stadthalle locken zahlreiche Besucher aus dem ganzen Land nach Balingen. In den vergangenen Jahren widmeten sich Ausstellungen so bekannten Künstlern wie Chagall, Picasso, Miró, Klee und Klimt.

Im Zollernschloss (Bild oben) an der Eyach residierten vom 15. bis 18. Jahrhundert die württembergischen Obervögte. Sie übten die Aufsicht über die Ämter Balingen, Rosenfeld, Ebingen und Tuttlingen aus. Heute befindet sich in dem hohen Fachwerkgebäude das Waagenmuseum, das 2000 Jahre Waagen-Geschichte präsentiert. Der runde Wasserturm ist ein Relikt der ehemaligen Stadtbefestigung. Im Hintergrund sieht man das vor einigen Jahren sanierte ehemalige Gerber- und Färberviertel der Stadt.

Zwischen Lochenhörnle und Plettenberg

Vom Lochenhörnle (950 m), der als Bergsporn in die Talbucht der Eyach ragt, hat man einen weiten Blick hinaus ins Neckarland, den Albtrauf entlang und bei besonders klarer Sicht bis zum Schwarzwald und zu den Alpen.

An den schroff abfallenden Felswänden erkennt man die Struktur des Oberen Juras wie er für die Balinger Berge charakteristisch ist. Die Gesteine reichen vom Oberjura alpha bis Oberjura gamma. Zwar ist die sonst im Oberen Jura alpha und beta vorherrschende Schichtung des Gesteins hier auch zu beobachten, doch wird sie immer wieder von Schwammriffen unterbrochen, die bereits im Oberjura alpha einsetzen und mit dem Oberjura gamma die Hochfläche des Lochenhörnle bilden.

Die auf dem Luftbild erkennbare hügelige Oberflächenform der Hülenbuchwiesen des Lochenhörnle ist dadurch entstanden, dass weiche Mergelschichten des Weißen Juras gamma abgetragen wurden, während die verschwammten, harten Kalke der Erosion standhielten. Morphologisch gesehen gehören die Balinger Berge – mit Ausnahme des Plettenbergs – zur Kuppenalb, die im Bildhintergrund noch wesentlich ausgeprägter in Erscheinung tritt. 1984 wurden 42 Hektar der Hülenbuchwiesen im vorderen Bereich des Lochenhörnle als Naturschutzgebiet ausgewiesen.

Die Hülenbuchwiesen wurden früher als Holzwiese genutzt. Das heißt, die Nutzung der Wiesen erfolgte extensiv ohne Düngung und nur mit einer Mahd im Jahr, die recht spät

Der Albtrauf am Lochenhörnle. Auf der Hochfläche das Naturschutzgebiet Hülenbuchwiesen

erfolgte. Aufkommende Gehölze ließ man auf besonders flachgründigen Bereichen der Wiesen stehen. Sie dienten früher entweder als Brennholz oder für Handwerker als Material für Radspeichen, Sprossen für Leitern oder Ähnliches. So entstanden die Holzwiesen, magere und artenreiche Wiesen, denen die eingestreuten Baum- und Buschgruppen einen parkähnlichen Landschaftscharakter verleihen.

Als in den 1970er-Jahren Teile der Hochfläche des Lochenhörnle in gedüngte Wiesen und Viehweiden umgewidmet wurden, gelang es, die noch vorhandenen traditionellen Holzwiesen unter Naturschutz zu stellen, um sie als Zeuge einer historischen landwirtschaftlichen Nutzungsform auf dem Lochenhörnle zu erhalten. Allein die Unterschutzstellung der Hülenbuchwiesen reichte zum Erhalt dieser Kulturlandschaft natürlich nicht aus. Ein Pflegevertrag mit der Landwirtschaft sichert die extensive Nutzung des Gebietes, die jegliche Düngung untersagt, das Mähen erst ab 15. Juli erlaubt und die Beweidung mit Schafen ab 30. August.

Beim Aufstieg zum Schafberg (Seite 133) hat man diesen herrlichen Rückblick auf den Lochenstein (963 m) und rechts dahinter auf das Lochenhörnle. Der aus Riffkalken des Oberen Juras aufgebaute Schwammstotzen überragt seine Umgebung um knapp 100 Meter. Der senkrecht abfallende Hauptfelsen mit dem Gipfelkreuz ist zwar nicht der Gipfel des Lochensteins – der liegt etwas rechts davon – aber dafür einer der attraktivsten Aussichtspunkte der gesamten Balinger Berge.

Das nach allen Seiten steil abfallende Felsmassiv des Lochensteins mit seinem nach Süden geneigten Plateau war aufgrund seiner natürlichen Schutzlage trotz Kälte, Wind und Wassermangel schon früh besiedelt. Ausgrabungen und Funde belegen, dass sich Menschen aller Kulturepochen von der Jungsteinzeit bis zur Alamannenzeit auf der Hochfläche des Lochensteins aufgehalten haben.

Auf den kargen Böden des Lochenplateaus und an den von der Sonne beschienenen

Mit dem Naturschutzgebiet Hülenbuchwiesen konnte ein Zeugnis historischer landwirtschaftlicher Nutzung erhalten werden.

Der aus Riffkalken aufgebaute Lochenstein war aufgrund seiner natürlichen Schutzlage schon früh besiedelt.

Felsen findet man noch eine ursprüngliche Felsen- und Hochwiesenflora mit einer Vielfalt seltener und vom Aussterben bedrohter Pflanzenarten, darunter auch zahlreiche Relikte aus der Eiszeit. Überhaupt bildet die Balinger Bergwelt insgesamt mit ihren Felspartien, Steppenheiden, Schutthalden und Hangwäldern die Grundlage für eine außergewöhnlich artenreiche Pflanzen- und Tierwelt. Darüber hinaus bietet sie Erholung suchenden Menschen eine abwechslungsreiche Mittelgebirgslandschaft.

Um diesen naturnahen Lebensraum für Menschen, Pflanzen und Tiere zu erhalten, wurde der Bereich zwischen Lochenstein, Wenzelstein und Schafberg 1978 zum Naturschutzgebiet erklärt. Um aber dieses historisch geprägte Landschaftsbild erhalten zu können, müssen auch hier regelmäßig Pflegemaßnahmen durchgeführt werden.

Der Plettenberg (Seite 134) ist der westlichste der Balinger Berge und als Zeugenberg dem zusammenhängenden Albkörper vorgelagert. Obwohl sich der Kalksteinbruch des Zementwerks Dotternhausen der Holcim (Süddeutschland) GmbH rund 60 Meter tief in die Hochfläche des Berges hineingegraben hat, gehört der Plettenberg nach wie vor zu den »Zwölf Tausendern« der Südwestalb.

Ursprünglich bildeten drei Kuppen den Gipfelbereich. Die mit 1005 Metern höchste Kuppe lag etwa da, wo heute der Steinbruch am tiefsten ist. Nachdem der größte Teil der Hochfläche mit der Seilbahn ins Zementwerk nach Dotternhausen abtransportiert wurde, liegt der höchste Punkt des Plettenbergs mit 1002 Metern an der Bergstation der Materialseilbahn (am rechten Bildrand).

Im Bildvordergrund steht der Fernmeldeturm auf einer der noch vorhandenen Kuppen des Plettenbergs. Dieses von Wacholderheiden und einzelnen Fichtengruppen bewachsene Schwammriff des Oberen Juras beta lässt ahnen, wie die Hochfläche des Plettenbergs früher einmal ausgesehen hat. Während der Fernmeldeturm vom Albvorland aus schon weithin sichtbar den Plettenberg markiert, ist der Steinbruch so angelegt, dass er vom Albvorland nicht zu sehen ist. Nur die östliche, dem Schafberg zugewandte Bergflanke (linker Bildrand), ist dem Kalksteinabbau zum Opfer gefallen.

Erst wenn man den Plettenberg erklommen hat – oder vom Flugzeug aus – erkennt man

Der Plettenberg, der »hohle Zahn« unter den Balinger Bergen

die gesamte Ausdehnung des Kalkabbaugebietes. Der Vergleich mit einem hohlen Zahn drängt sich dem Betrachter auf. Blickt man über den Plettenberg nach Südwesten, sieht man links am Albtrauf über dem Schlichemtal den Ortenberg (995 m) mit seinen aufgelassenen Steinbrüchen und Bergrutschen.

In der Bildmitte über der Spitze des Fernmeldeturms liegt Deilingen in einem geköpften Tal. Der Kampf um die Europäische Wasserscheide zwischen den rheinischen und den danubischen Flusssystemen ist hier in vollem Gange. Hinter Deilingen erheben sich die drei höchsten Albberge: Oberhohenberg (1011 m), Hochberg (1008 m) und Lemberg (1015 m). Alle drei Berge sind ebenfalls als Zeugenberge dem Albtrauf vorgelagert.

Kehren wir nochmals zum Kalksteinbruch auf dem Plettenberg zurück. Er erschließt in seinem tieferen Bereich den Oberen Jura alpha, die so genannten Impressamergel. Man kann sie an den Felswänden der untersten Sohle an ihrer blaugrauen Farbe identifizieren. Auch der Tümpel und die Vernässungen auf der tiefsten Sohle weisen auf diese wasserstauende Mergelschicht hin.

In den oberen Bereichen des Steinbruchs werden die »Wohlgeschichteten Kalke« des Oberen Juras beta abgebaut. Die selbst noch auf dem Luftbild erkennbaren Aufwölbungen der Gesteinsschichten hängen damit zusammen, dass immer wieder Schwammriffe in die Schichtenfolge eingeschaltet sind. Die harten Riffkalke sind auch der Grund für die Kuppenbildung auf der Hochfläche des Plettenbergs gewesen.

Der durch Sprengung gewonnene Kalkstein und Mergel gelangt mit Muldenkippern zum Brecher, wird dort zerkleinert und dann in Loren der Materialseilbahn hinab ins Zementwerk nach Dotternhausen transportiert. Da der Obere Jura beta wesentlich kalkhaltiger ist als die Impressamergel, wechselt der Abbau nach einem vom Werkslabor vorgegebenen Plan mehrmals täglich die Steinbruchsohlen, um schon vor Ort mit der notwendigen Mischung des Materials zu beginnen, damit anschließend eine gleich bleibende Qualität des Endprodukts erreicht werden kann. Das zum Abbau genehmigte Kalksteinvorkommen am Plettenberg reicht noch für etwa 35 bis 40 Jahre.

Das Zementwerk Dotternhausen – ein vielseitiger Industriebetrieb

Der Ölschiefer des Unteren Juras epsilon hatte es dem Firmengründer des Zementwerkes Dotternhausen, Rudolf Rohrbach, angetan. Es war seine Idee, die Energie, die im Ölschiefer steckt, bei der Zementherstellung wirtschaftlich zu nutzen. Dies gelang ihm durch das nach ihm benannte Rohrbach-Verfahren, in dem neben der im Ölschiefer gebundenen Energie auch die 90 Prozent mineralischer Bestandteile, nämlich Tonminerale und Kalk, mit verwendet werden können. Deshalb entstand das Zementwerk in Dotternhausen am Fuß des Albtraufs, wo Kalk und Ölschiefer nahe beieinander liegen.

Seit 2004 gehört das Zementwerk Dotternhausen zum weltweit tätigen Schweizer Baustoffkonzern Holcim Ltd. und beschäftigt in Dotternhausen über 200 Mitarbeiterinnen und Mitarbeiter. Wie die wirtschaftliche Verwendung des Ölschiefers gelingt – er besitzt ja nur ein Sechstel bis ein Achtel des Heizwertes von Steinkohle – das soll hier kurz skizziert werden (siehe auch Seite 136/137):

Zur Zementherstellung benötigt man neben Kalk auch Ton und Sand sowie jede Menge Energie, um die im Drehofen zum Brennen notwendigen 1400 Grad zu erreichen. Das vom Steinbruch auf dem Plettenberg über die Materialseilbahn ins Zementwerk transportierte Kalkgestein wird dort gemahlen und getrocknet. Der Ölschiefer gelangt über Förderbänder aus den inzwischen weiter entfernten Schiefergruben aufs Werksgelände und wird ebenfalls gemahlen.

Das Gemisch aus Kalk-, Ton-, Schiefermehl und Sand wird im Drehofen erhitzt und zu Klinker gebrannt. Dabei verbrennen die organischen Bestandteile des Ölschiefers und sparen so immerhin ein knappes Fünftel der zum Zementbrennen notwendigen Energie. Daneben werden auch noch andere Ersatzbrennstoffe wie Altreifen und Trockenklärschlamm zur Energiegewinnung eingesetzt.

Das Luftbild vermittelt einen Eindruck von der Dimension des Zementwerkes Dotternhausen.

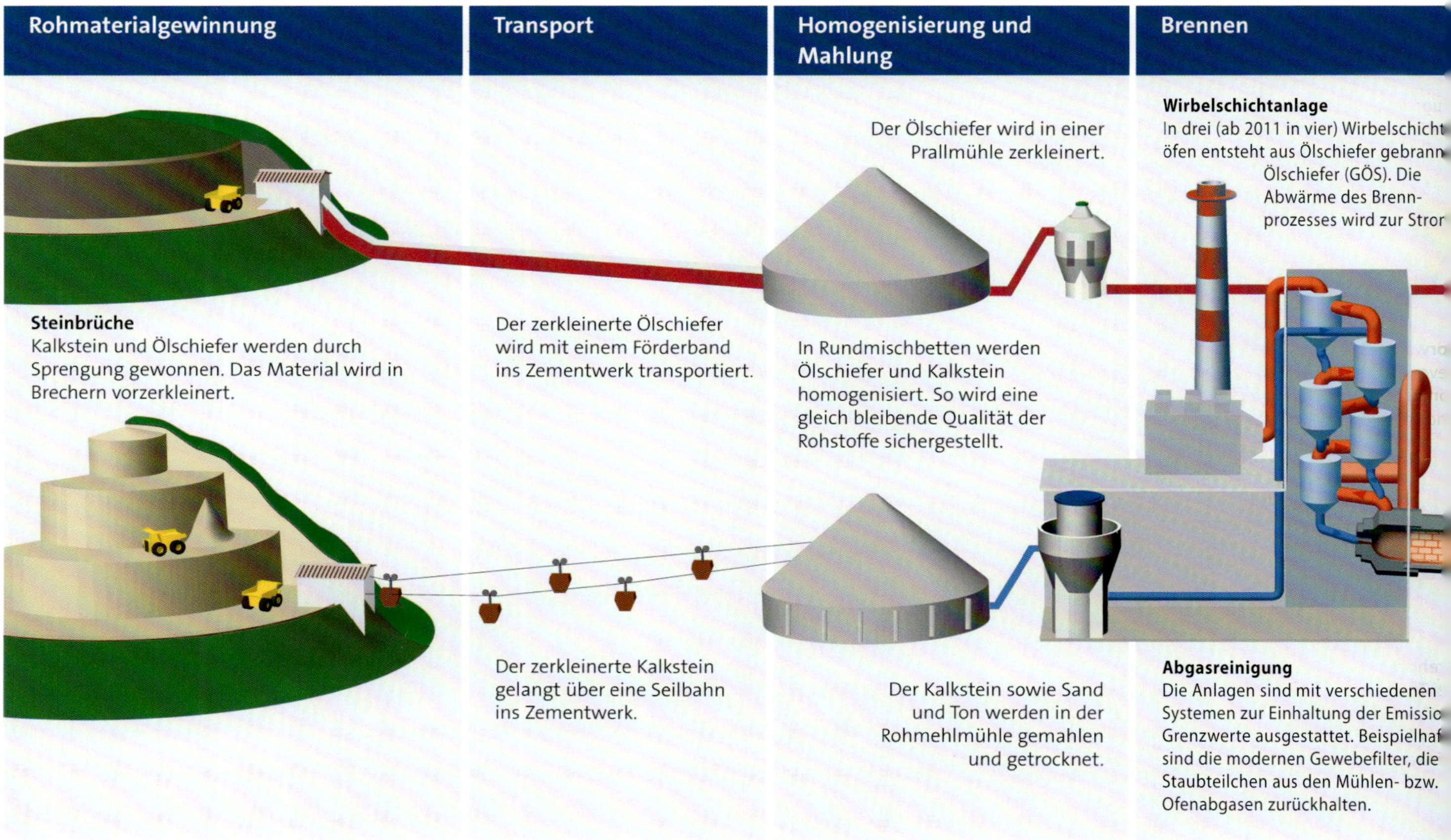

Zementherstellung in Dotternhausen: schematische Darstellung von der Rohmaterialgewinnung bis zum fertigen Produkt

Darüber hinaus wird Ölschiefer auch im werkseigenen Kraftwerk zur Stromerzeugung genutzt. In drei – zukünftig vier – Wirbelschichtöfen erzeugt der Betrieb aus Ölschiefer gebrannten Ölschiefer, der wegen seiner guten Bindemittel-Eigenschaften anschließend in der Zementproduktion weiterverarbeitet wird. Die Abwärme, die bei diesem Brennprozess anfällt, wird zur Stromerzeugung in der werkseigenen thermischen Aufbereitungsanlage genutzt, eine Maßnahme, die zur Schonung der Umwelt und zur Kostenersparnis beiträgt.

Das Luftbild (Seite 135) vermittelt einen Eindruck von der Dimension des Zementwerkes, vor allem im direkten Vergleich mit dem unmittelbar angrenzenden Ort Dotternhausen. Werk und Siedlung sind durch die Bundesstraße 27 voneinander getrennt. Sie stellt für das Zementwerk eine wichtige Verkehrsader dar. Unmittelbar südlich von Dotternhausen erhebt sich der rund 350 Meter hohe, bewaldete Albtrauf mit (von rechts nach links) Plettenberg, Schafberg und Lochenhörnle. Dahinter öffnet sich das Eyachtal. Das Werksgelände wird dominiert von einer Vielzahl von hoch aufragenden Silos und dem Wärmetauscher-Turm mit seinen zahlreichen Rohren.

Die Ölschiefergruben im Bildvordergrund sind inzwischen stillgelegt und werden rekultiviert. Die neuen Abbaugebiete im neun bis zehn Meter mächtigen Ölschiefer liegen jetzt einige Kilometer entfernt im nordwestlichen Albvorland. Sie dürfen jedoch aus Sicherheitsgründen nicht betreten werden. Für Fossiliensucher ist extra ein »Klopfplatz« auf dem Werksgelände eingerichtet worden, der immer wieder mit frischem Ölschiefer beschickt wird. Er ist für jedermann frei zugänglich. Die Beschreibung der einzelnen Betriebsanlagen auf dem Bild würde hier zu weit führen. Wer sich im Detail dafür interessiert, dem sei ein Besuch des Werkforums auf dem Betriebsgelände empfohlen.

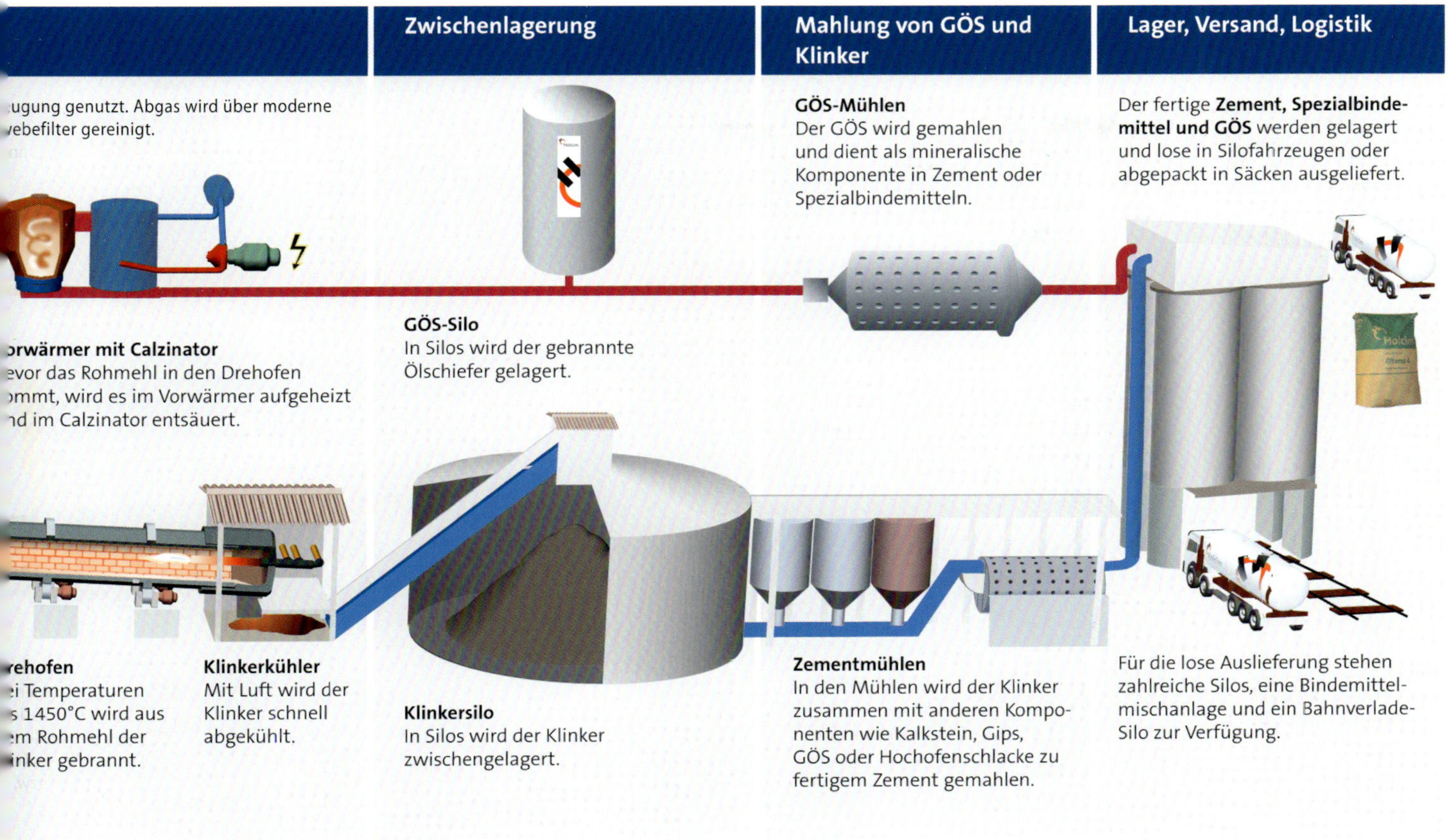

Beim Abbau des Kalksteins auf dem Plettenberg, vor allem aber in den Steinbrüchen des Ölschiefers, kommen zahlreiche im Juragestein verborgene Fossilien ans Tageslicht. Um wissenschaftlich wertvolle Funde aus der Jurazeit vor der endgültigen Zerstörung zu bewahren, beschäftigt das Zementunternehmen zwei Präparatoren, die in den Steinbrüchen gezielt nach solchen Fossilien suchen, sie anschließend bergen und präparieren. Im Laufe der Jahre kam so eine stattliche Fossiliensammlung zustande.

Zum 50-Jahr-Firmenjubiläum 1989 eröffnete das Zementwerk auf dem Betriebsgelände ein Fossilienmuseum, das den Namen »Werkforum« erhielt (Seite 138). Für die wissenschaftliche Konzeption der Ausstellung wurde ein Paläontologe eingestellt, der bis heute das Museum betreut. Eine Grundidee bei der Gestaltung des Gebäudes war, das Museum in einem Graben im Ölschiefer anzulegen, um die Fossilien nach ihrer Präparation auf dem Höhenniveau auszustellen, aus dem sie ursprünglich stammen. Aus diesem Grund hat man den Fußboden des Museums größtenteils mit Ölschiefer-Platten ausgelegt und im Untergeschoss eine Wand aus Ölschiefer aufgebaut. Diese Schieferwand stammt aus einer einige hundert Meter entfernten Schiefergrube, wo sie herausgesägt, mit Stahlbändern umwickelt und dann mit einem Kran im Werkforum wieder aufeinander geschichtet wurde. Hier erhält der Besucher Informationen zur Entstehung des Ölschiefers und seiner Fossilien.

Es liegt nahe, dass der Schwerpunkt des Museums bei den Fossilien des Ölschiefers liegt wie Fischen, Sauriern, Krokodilen, Seelilien oder Ammoniten. Aber auch ein Überblick über die Fossilien aus den anderen Juraschichten der näheren Umgebung, dem Mittleren und Oberen Jura, fehlen nicht.

Links: Schieferwand im Fossilienmuseum des Werkforums Dotternhausen. Rechts: Vor dem Präsentieren kommt das Präparieren, hier eines Ichthyosauriers.

Eindrucksvoll ist auch die »erdgeschichtliche Rampe«, die zurück ins obere Stockwerk des Museums führt. Auf ihr sind die für uns Menschen unvorstellbar langen geologischen Zeiträume als Strecken dargestellt.

Zur Konzeption des Werkforums gehören neben paläontologischen Sonderausstellungen auch regelmäßige Kunstausstellungen, Konzerte, Vorträge, Autorenlesungen, Informations- und Diskussionsveranstaltungen. Diese zusätzlichen Angebote sind es, die das Werkforum auch zu einem überregionalen Kommunikations- und Kulturzentrum machen. Darüber hinaus ist das Fossilienmuseum auch eine der Informationsstellen des Geoparks Schwäbische Alb. Der Eintritt ins Museum ist kostenlos. Öffnungszeiten: dientags bis donnerstags 13 bis 17 Uhr, sonn- und feiertags 11 bis 17 Uhr. (Geschlossen von 1.12. bis 6.1.), Kontakt: Holcim (Süddeutschland) GmbH, Dormettinger Straße 23, 72359 Dotternhausen, Telefon (0 74 27) 7 92 11.

Bevor ein Fossil im Museum präsentiert werden kann, ist die wochen- manchmal monatelange Handarbeit des Präparators gefragt. Seine Arbeit beginnt jedoch bereits im Steinbruch mit dem Aufspüren und Bergen der Fossilien. Sein geschultes Auge erkennt an verdächtigen Aufwölbungen sowie an abweichender Farbe und Struktur des Gesteins eine eventuelle Lagerstätte beispielsweise eines Sauriers.

Bestätigt sich der Fund, dann beginnt die oft langwierige Bergung. Handelt es sich nur um ein Teilstück des Fossils, beginnt die Suche nach den anderen Bruchstücken. Die müssen anschließend zusammengefügt und nummeriert werden. Dann wird der Fund in die Werkstatt verbracht. Dort geschieht dann die eigentliche Arbeit, die Präparation. Sie dauert – je nach Fund – rund fünf bis fünfhundert Mal länger als die Bergung.

Aufgabe des Präparators ist es, das Gestein, von dem das Fossil umgeben ist, zu entfernen und das Fossil möglichst unbeschädigt freizulegen. Das klingt einfach, ist es aber nicht. Große Steinplatten werden zuerst mit der Steinsäge sowie mit Hammer und Meißel vorsichtig auf eine möglichst handliche Größe gebracht. Unter Einsatz von druckluftbetriebenen Sticheln, Schabern, Messern, Bürsten und Pinseln wird der Ölschiefer in mühseliger Kleinarbeit vom Fossil entfernt. Feinarbeiten – wie auf dem Bild oben rechts – erfolgen unter dem Stereomikroskop. Manchmal kommen dabei auch kleine Sandstrahlgeräte zum Einsatz. Ist die Präparation abgeschlossen, müssen viele der Fossilien durch einen Lacküberzug geschützt werden.

Am Nordrand des Grossen Heubergs

Am Trauf des Großen Heubergs zwischen Schlichem- und Primtal liegen die höchsten Albberge. Der Name Heuberg leitet sich nicht – wie vermutet – von »Heu« ab, sondern vom Schwäbischen »hei«, was so viel wie »hoch« bedeutet.

Zwischen Lemberg und Dreifaltigkeitsberg

Obwohl der Lemberg mit 1015 Metern der höchste Berg der Schwäbischen Alb ist, fällt er nicht sonderlich auf, da die benachbarten Oberhohenberg und Hochberg ebenfalls knapp über tausend Meter hoch sind. Alle drei sind Zeugenberge, die durch die Erosion der Unteren Bära und des Deilinger Mühlbachs vom übrigen Albkörper abgetrennt wurden. Im Hintergrund am rechten Bildrand (Bild unten) liegt Wehingen. Hier mündet der Mühlbach in die Untere Bära, einem Nebenfluss der Donau.

Die Gipfel der genannten Berggruppe wird vom Oberen Jura beta gebildet. Eine weitere Besonderheit fällt auf dem Luftbild sofort ins Auge: In den Wäldern hier sind Fichten und Weißtannen besonders stark vertreten. Zum Teil bilden sie zusammenhängende Areale. Man geht heute allgemein davon aus, dass beide Nadelbaumarten vom nahen Schwarzwald her über den oberen Neckar bis auf die Südwestalb vorgedrungen sind.

Um den Wanderern auf dem bewaldeten Lemberg eine für den höchsten Berg der Alb angemessene Aussicht zu ermöglichen, hat der Schwäbische Albverein bereits 1899 – aller-

Wo die Alb am höchsten ist: Auf dem Lemberg findet sich dieser Aussichtsturm, eine Stahlgitterkonstruktion.

dings nach jahrelangen Diskussionen um die Bauart – einen 33 Meter hohen Aussichtsturm in Stahlskelettbauweise errichtet. Über 152 Stufen, verteilt auf zwölf offene Stockwerke, erreicht man die Aussichtsplattform in 30 Metern Höhe. Und in der Tat bietet sich von dort oben bei klarem Wetter eine herrliche Rundumsicht. Vor allem nach Süden erschließt sich dann auf einen Blick die Alpenkette von den Allgäuer Alpen bis zum Berner Oberland. Am Fuß des Aussichtsturmes befindet sich neben der Grillstelle eine Schutzhütte mit kleiner Gaststube. An Tagen, an denen sie bewirtschaftet ist, wird am Fahnenmast auf dem Turm eine Flagge gehisst. Dies ist im Sommerhalbjahr vor allem an Sonn- und Feiertagen der Fall.

Vom Fuß des Zundelbergs bei Hausen ob Verena hat man einen umfassenden Blick auf das obere Primtal mit der Pfortenstadt Spaichingen. Dahinter steigt mauerartig der über 300 Meter hohe Albtrauf des westlichen Heubergs empor mit (von rechts nach links) Dreifaltigkeitsberg (983 m), Klippeneck (981 m) und Lemberg (1015 m). Auf seiner ganzen Länge wird hier der Trauf vom Oberen Jura alpha und beta gebildet. Die 60 bis 80 Meter mächtigen Aufschlüsse des Oberen Juras beta sind auf dem winterlichen Bild unterhalb der Wallfahrtskirche auf dem Dreifaltigkeitsberg gut zu erkennen.

Den Sockel des Albtraufs bildet eine breite, im oberen Bereich bewaldete Hangleiste aus Mittlerem Jura. Die zahlreichen Baumreihen im unteren waldfreien Teil der Hangleiste weisen auf die zahlreichen Bäche hin, die sich in den Albtrauf hineingraben und der rheinisch orientierten Prim zufließen. Sie entspringen alle im Grenzbereich zwischen den wasserdurchlässigen »Wohlgebankten Kalken« des Oberen Juras beta und den wasserundurchlässigen Impressamergeln des Oberen Juras alpha.

Spaichingen ist auch wie die anderen bereits besuchten Städte am Albtrauf eine Pfortenstadt. Sie liegt in der Prim-Faulenbach-Talung zwischen Rottweil und Tuttlingen,

Der Albtrauf zwischen Lemberg und Dreifaltigkeitsberg. Im Vordergrund Spaichingen

Die Wallfahrtskirche auf dem Dreifaltigkeitsberg ist eine viel besuchte Pilgerstätte.

die mit ihrer geringen Steigung schon immer ein günstiger Albübergang war. Durch sie führt die »Schweizer Straße« (heute B 14), die Gäu-Bodensee-Eisenbahn und die erste Bodenseewasserleitung.

Spaichingen gehörte zur Grafschaft Hohenberg und fiel 1381 mit dieser an das Haus Habsburg. Ab 1668 war es Sitz des österreichischen Obervogteiamtes. 1805 kam Spaichingen an Württemberg, wurde 1807 Oberamt und 1828 zur Stadt erhoben. Viele Spaichinger Bauern waren auf Grund der Realerbteilung schon früh auf Zuerwerb angewiesen. Den fanden sie anfangs im Hausierhandel. Später produzierten sie in Heimarbeit für die Schwenninger Uhrenfabriken. Aus dem holzverarbeitenden Gewerbe im Ort entstanden zahlreiche Möbelfabriken.

Ende des 19. Jahrhunderts war die Schweizer Zigarrenfabrik Burger (»Rössli-Stumpen«) bedeutendster Arbeitgeber in Spaichingen. Durch seine verkehrsgünstige Lage an der »Schweizer Straße« hatte der Ort viele Gasthäuser, um Durchreisende unterzubringen und zu verpflegen. Auch die neun Brauereien, die es früher einmal in Spaichingen gab, sind wohl in diesem Zusammenhang zu sehen. Das Gewerbemuseum in der Bahnhofstraße 5 (Telefon (0 74 24) 50 14 45, gewerbemuseum@yahoo.de; geöffnet sonntags von 14 bis 17 Uhr) gibt einen anschaulichen Überblick über die Entwicklung Spaichingens vom Bauerndorf zur Industriegemeinde.

Heute ist Spaichingen mit rund 12 000 Einwohnern ein aufstrebendes Industriestädtchen mit gleichzeitig hohem Freizeitwert. Nicht von ungefähr ist der Dreifaltigkeitsberg mit seiner Wallfahrtskirche das Wahrzeichen der Stadt.

Der 600 Meter lange und 200 Meter breite Bergsporn bot bereits in vorgeschichtlicher Zeit den Menschen Schutz. So finden sich auf der Hochfläche Reste von Befestigungsanlagen, die bis auf die Jungsteinzeit zurück-

Vom Dreifaltigkeitsberg sieht man bei Inversionswetterlage die Schweizer Alpen aus dem Dunst aufsteigen.

gehen. Seit dem Mittelalter gibt es hier oben eine Wallfahrtskirche (Seite 141). Zuerst war es nur eine Kapelle, benannt nach der heiligen Dreieinigkeit. Im 17. Jahrhundert wurde an ihrer Stelle eine richtige Wallfahrtskirche gebaut. Noch im Jahr der Einweihung erhielt der Berg, der bis dahin Baldenberg hieß, seinen heutigen Namen Dreifaltigkeitsberg. Im 18. Jahrhundert wurde die Kirche auf Grund des großen Ansturms an Pilgern erweitert und der Zeit entsprechend barockisiert.

Seit Ende 1923 betreuen Patres der Clarentiner Kirche und Wallfahrt. Diese Kongregation der »Söhne des Unbefleckten Herzens Mariä« entstand im 19. Jahrhundert in Spanien. Ihr Name geht auf ihren Begründer, den Erzbischof Antoni Claret, zurück. Der Schwerpunkt ihrer Arbeit liegt in Seesorge, Mission und christlicher Jugenderziehung. 1924 gründeten die Clarentiner ein Kloster auf dem Berg. In den 1960er-Jahren kam ein Noviziatshaus für indische Priesteranwärter hinzu. Das frühere Haus der Gemeinschaft wurde in ein Jugendhaus für Schullandheimaufenthalte und Freizeiten umgewandelt. In weiteren Gebäuden befinden sich eine Gaststätte und Räume zur Meditation und inneren Einkehr.

Vom Turm der Wallfahrtskirche, der gleichzeitig als Aussichtsturm dient, genießt man an klaren Tagen einen fantastischen Rundblick. Nach Süden sieht man über dem Faulenbachtal mit den Ortschaften Weilheim und Wurmlingen aus dem Dunst die Schweizer Alpen aufsteigen.

Schwerpunktthema: Das grüne Band

»Vom Fuß der Alb bis zu ihren höchsten Erhebungen gibt es kaum eine Waldgesellschaft, an der die Buche nicht beteiligt wäre«, so schrieb Robert Gradmann in seinem 1898 erschienen Klassiker über das Pflanzenleben der Schwäbischen Alb.

Nach der letzten Eiszeit kam die Buche im Zuge der Klimaerwärmung vor über 2500 Jahren auf die Alb und beherrscht bis auf den heutigen Tag deren Wälder. Dies haben pollenanalytische Untersuchungen ergeben, die Anfang des 20. Jahrhunderts von Karl Bertsch in Mooren, so in der Schopflocher Torfgrube, durchgeführt wurden. Nadelhölzer hat es hingegen auf der Albfläche ursprünglich nur an wenigen Stellen gegeben, das heißt Buchenwälder würden bis heute ohne menschliches Zutun die Landschaft prägen. Die Schwäbische Alb ist Buchenland.

Die Tanne ist von Natur aus spärlich vertreten. Sie kann sich nur im niederschlagsreichen, montanen Traufbereich und in kälteren Lagen gegen die konkurrenzstarke Buche durchsetzen. Daher finden wir ursprüngliche Tannen-Buchen-Mischwälder, auf wenigen Standorten auch Fichten, nur auf der Südwestalb, wo die Steilhänge bis auf 1000 Meter hinaufreichen. Alte Ortsnamen wie Hausen am Tann und Tanheim zeugen hiervon. Die zweite ursprüngliche Nadelholzgegend liegt auf der Ostalb bei Aalen. Beide Vorkommen bilden das Gegenstück zu den wüchsigsten Buchen-Tannenwäldern auf den Grundgebirgsstandorten des Schwarzwaldes oder den Keuperstandorten des Schwäbisch-Fränkischen Waldes.

Die Naturwälder der Alb waren also, mit Ausnahme der zwei genannten Tannenwuchsgebiete, fast reine Laubwälder. Nur in sehr geringem Umfang kamen weitere Nadelholz-

Oben: Das grüne Band der Hangbuchwälder an den Steilhängen der Baßgeige bei Owen. Mitte: Der 869 Meter hohe Roßberg bei Gönningen mit einem Weißtannenbestand inmitten ausgedehnter Buchenwälder. Ausgehend von der Südwestalb haben sich Tannen bis hierher ausgebreitet. Unten: Blick in einen Tannen-Buchenwald mit Fichten am Trauf beim Klippeneck in knapp 1000 Metern Höhe

Oben: Typischer Hallen-Buchenwald auf der Albhochfläche. Die glatte, helle Rinde und die walzige Form der Stämme verstärken den Eindruck des Säulenartigen. Unten links: Waldgersten-Buchenwald mit großflächigen Bärlauchbeständen am Teckberg. Unten rechts: Typischer Standort der Waldkiefer auf Felsen am Hangenden Stein (Raichberg bei Onstmettingen)

arten vor. Die Eibe, die heute nur noch im Bereich der Felsen örtlich begrenzte Vorkommen hat, war früher etwas weiter verbreitet. Kiefern und Wacholder waren zunächst in ihrer Ausbreitung auf die Kalkfelsen beschränkt. Der Wacholder hat sich nach der Waldrodung in die offene Kulturlandschaft ausgebreitet und hat auf den Wacholderheiden einen zweiten Lebensraum aus Menschenhand gefunden.

Heute ist die Schwäbische Alb zu etwa 40 Prozent bewaldet, wobei die Waldflächen nicht gleichmäßig über das Mittelgebirge verteilt sind. Die Hochflächen präsentieren sich als offene, bäuerliche Kulturlandschaft mit Äckern,

Weiden und Wiesen mit dazwischen liegendem geringem Waldanteil. Ganz anders hingegen die Hänge des Albtraufs. Hier gibt es große, zusammenhängende Waldflächen, wobei die Buchenwälder bis auf wenige Fichtenforste vorherrschen.

An kühlen und feuchten Standorten dieser Hänge findet sich als prägende Waldgesellschaft der Waldgersten-Buchenwald mit der ihm eigenen Hallenwald-Struktur, das heißt hohe und gerade Stämme mit erst hoch oben ansetzenden ausladenden Baumkronen. Neben der Buche treten hier Berg- und Spitzahorn, Esche, Bergulme und Sommerlinde auf. Infolge Lichtmangels ist nahezu keine Strauchschicht vorhanden. Dagegen macht eine ganz besonders artenreiche Krautschicht mit vielen Frühjahrsblühern, wie Haselwurz, Frühlings-Platterbse, Seidelbast und bisweilen große Bestände von Bärlauch, diese Wälder im Frühling zu einem Erlebnis.

An sonnigen, trockenen und flachgründigen Hängen finden wir als Gegenstück den Seggen- oder Orchideen-Buchenwald. Wegen der ungünstigeren Standortbedingungen sind die Buchen nicht mehr so gleichmäßig ausgebildet, sondern eher krummwüchsig und grobästig. Nebenbaumarten sind Eichen und Feld-Ahorne. So entsteht ein offenes Kronendach mit mehr Raum und Licht am Boden für Sträucher und Kräuter. Wie schon im Namen erkennbar, imponieren hier neben mehreren Seggenarten vor allem zahlreiche Orchideen, wie Rotes und Weißes Waldvögelein, Stattliches und Blasses Knabenkraut, Weiße Waldhyazinthe und der besonders seltene Frauenschuh.

Schluchtwälder auf Steinschutt sind weitere, für die Steilhänge am Nordrand bezeichnende, Waldtypen. Da hier der Untergrund ständig in Bewegung ist, sind die Buchen nicht mehr konkurrenzfähig und es treten Edellaubhölzer, wie Berg- und Spitzahorn, Sommerlinde und Eiche sowie die Bergulme, auch Rüster oder »Steinlinde« genannt, in den Vordergrund. In Abhängigkeit von den Standortverhältnissen gibt es zwei Varianten: den Ahorn-Lindenwald auf trockenen und

Oben: Auf felsigem Untergrund wächst das unscheinbare Kalk-Blaugras, dessen männliche Ährchen nur kurz vor dem Aufblühen im zeitigen Frühjahr in blau-violettem Glanz erscheinen und so dem Gras seinen Namen gegeben haben. Es ist dazuhin Kennart des im Umfeld besonnter Felshänge vorkommenden Blaugras-Buchenwaldes. Unten: Frauenschuh mit Schmalblättrigem Waldvögelein, das reinweiße Blüten besitzt.

Eschen-Ahorn-Schluchtwald in der Zipfelbachschlucht

Das Waldreservat im Naturschutzgebiet Untereck bei Balingen wurde bereits 1924 von der Forstverwaltung ausgewiesen und liegt auf 900 Metern Höhe. Es beherbergt einen der landschaftlich großartigsten Bannwälder.

den Eschen-Ahorn-Schluchtwald auf kühlfeuchten Standorten. Schöne Beispiele dieser attraktiven Waldgesellschaften kann man in der Zipfelbachschlucht am Randecker Maar oder in der Umgebung des Uracher Wasserfalls bewundern.

Um die typischen Waldgesellschaften am Albtrauf für kommende Generationen erhalten zu können, wurden bereits Anfang des 20. Jahrhunderts erste Waldschutzgebiete in Form von Bann- und Schonwäldern durch die Forstverwaltung eingerichtet. In neuerer Zeit sollen die Hang-Buchenwälder wegen ihrer Einmaligkeit nach der europäischen Fauna-Flora-Habitat-Richtlinie durch das europaweite Schutzgebietsnetz Natura 2000 geschützt werden.

Die Hang- und Schluchtwälder am Albtrauf wurden deshalb als wichtige Alleinstellungsmerkmale in das im Jahr 2008 neu geschaffene Biosphärengebiet Schwäbische Alb aufgenommen und zu Kernzonen erklärt. Damit sollen diese einzigartigen Waldgesellschaften auf Dauer besonders geschützt werden und sich ohne Einfüsse des Menschen zu den Urwäldern von Morgen entwickeln können. Baden-Württemberg trägt für die Wälder am Albtrauf eine europaweite Verantwortung. Es ist deshalb unser aller Aufgabe, diese Wälder zu schützen und zu erhalten.

Die Baaralb

Da die Baaralb vielleicht nicht für jeden Leser ein Begriff ist, sei hier eine knappe Charakterisierung dieser Landschaft gegeben. Die Baaralb ist der östliche Bereich der Baar, die als Hochbecken im Südwesten von Baden-Württemberg eine Brückenlandschaft zwischen dem Schwarzwald im Westen und der Schwäbischen Alb im Osten darstellt. Sie wird im Osten durch die Prim-Faulenbach-Talung und im Süden von der Aitrach und dem Donautal begrenzt.

Im Einzugsbereich der Donau

Hauptmerkmal der Baaralb ist, dass fast alle Bäche und Flüsse in ihrem Gebiet der Donau zu fließen. Das hängt damit zusammen, dass der Neckar – der ja östlich von Villingen-Schwenningen entspringt – hier als Vertreter des rheinischen Entwässerungssystems

Die Westseite des Hohenkarpfen mit Gunningen im Vordergrund

ausfällt, und die Wutach als nächst gelegener Rheinzufluss die Baaralb noch nicht erobern konnte. Die Donau-Nebenflüsse haben deshalb hier also noch das Sagen und konnten den ehemaligen Albtrauf der Baaralb in zahlreiche langgestreckte Riedel, Auslieger- und Zeugenberge auflösen. Auffallend ist die vollständige Waldbedeckung dieser Riedel gegenüber den sich östlich anschließenden Albhochflächen.

Der Wartenberg, ein Bergkegel, der es in sich hat

Als gleichmäßig geformter Kegel steigt der Hohenkarpfen (909 m) steil aus der sanft gewellten Landschaft des Albvorlandes bei Gunningen auf (Seite 147). Zahlreiche zur Donau hin fließende Bäche haben den Hohenkarpfen wie auch den benachbarten Lupfen von der dahinterliegenden langgestreckten Schichtfläche des Oberen Juras alpha und beta getrennt und als Zeugenberge im Albvorland stehen gelassen.

Am Hohenkarpfen sind alle Gesteinsschichten vom Opalinuston des Mittleren Juras bis hinauf zu den »Wohlgebankten Kalken« des Oberen Juras beta vertreten.

Dies bedingt die wechselnden Kalk-, Ton-, Sand- und Mergelanteile der Verwitterungsböden, was wiederum Auswirkungen auf die Vegetation des Berges hat. So gedeihen auf dem Gesteinsschutt des Gipfels Linden- und Ahornbäume, während der obere Bereich der steil abfallenden Bergflanken von Kalkmagerrasen mit ihrer charakteristischen Flora eingenommen wird. Es sind ehemalige Schafweiden.

Darunter, wo der Boden wieder etwas tiefgründiger ist, zieht sich ein Band von Büschen und Bäumen um den Berg, das sich vor allem aus Feldahorn, Mehlbeere, Hasel, Esche und Bergulme zusammensetzt. Fast zu jeder Jahreszeit kann man um den Bergkegel Greifvögel kreisen sehen. Auf ihrer Nahrungssuche nutzen sie die ausgezeichnete Thermik am Berg. Seit 1984 stehen 13,5 Hektar des Gipfelbereichs des Hohenkarpfen unter Naturschutz.

Aufgrund seiner strategisch günstigen Lage befand sich schon im 11. Jahrhundert eine Höhenburg auf dem Berggipfel. Sie ge-

Blick vom Wartenberg auf das Donautal und die Baar. Links im Hintergrund der Fürstenberg

hörte von 1050 bis 1234 als Reichslehen den Herren von Karpfen. Nach mehrfachem Besitzerwechsel kam die Burg, die zwischenzeitlich zu einem gefürchteten Raubritternest heruntergekommen war, an die Grafen von Württemberg. 1634 nahmen die Österreicher die Burg ein und zerstörten sie. Nur der dazugehörige Maierhof blieb stehen.

Heute befindet sich in dem restaurierten Gebäude an der Südseite des Berges ein Restaurant und die Kunststiftung Hohenkarpfen e. V. mit angeschlossenem Kunstmuseum. Von der einstigen Burg sind auf dem Berggipfel nur noch wenige Reste vorhanden.

Über dem Eingang zur Geisinger Pforte, wo die junge Donau in die Schwäbische Alb eintritt, erhebt sich der flache Kegel des 844 Meter hohen Wartenbergs (Seite 148/149). Was ihn gegenüber den zahlreichen anderen Zeugenbergen der Baaralb so interessant macht, ist sein Inneres. Er besteht aus hartem Basalt und Basalttuff, der vom weicheren Mitteljura-Gestein ummantelt ist. Der Wartenberg ist – obwohl er zur Baaralb gehört – der nördlichste Vulkanschlot des Hegau-Vulkanismus.

Im Gegensatz zum »Schwäbischen Vulkan« der Mittleren Alb, bei dessen Ausbrüchen es sich »nur« um Gasexplosionen handelte, wurde beim Ausbruch der Hegau-Vulkane neben Basalttuff auch Lava gefördert, die entweder in Spalten bis an die Erdoberfläche empordrang und dort zu mächtigen vier- bis sechseckigen Basaltsäulen erstarrte oder in den Schloten stecken blieb und später durch die Erosion freigelegt wurde.

Die Hegau-Vulkane liegen in dem von zahlreichen Verwerfungen durchsetzten Bonndorfer Graben, der vom Bodensee in nordwestlicher Richtung über das obere Wutachtal und die Freiburger Bucht bis zum Kaiserstuhl im Oberrheingraben zieht. Auf der Kuppe des Wartenbergs stößt man immer wieder auf Basaltblöcke. Selbst die Mauerreste der ersten Burg, die im 12. Jahrhundert von den aus Geisingen stammenden Edelfreien von Wartenberg errichtet wurde, lassen noch den Basalt erkennen. Die zweite Burg auf dem Wartenberg wurde 1780 abgetragen und durch ein Schlösschen ersetzt. Der weithin sichtbare Bauernhof auf dem Wartenberg nutzt den oberen Bereich der Bergkuppe als Weideland, darunter dominiert Ackerbau.

Wie das Bild Seite 150 zeigt, lohnt sich ein Aufstieg zum Wartenberg. Von dort hat man nach Südwesten zu einen herrlichen Blick auf das Donautal mit seinen ausgeprägten Wiesenmäandern. Dahinter erhebt sich links die Länge (920 m) und davon etwas abgesetzt der Fürstenberg (918 m), ebenfalls ein Zeugenberg am Eingang zur Geisinger Pforte. Nach rechts öffnet sich der Blick in die Baar. Im Hintergrund kann man im heraufziehenden Gewitter den Südschwarzwald noch erahnen.

Wie ist es zu erklären, dass die Donau vor der Geisinger Pforte in solchen Schlangenlinien dahinfließt? Um das zu erklären, müssen wir uns ein wenig mit der Flussgeschichte der Donau befassen. Vor ungefähr zehn Millionen Jahren, als die Urdonau in den Alpen im Bereich des Gotthard-Massivs entsprang, floss sie als Alpendonau hoch über den heutigen Tälern von Aare und Wutach über die Alb in nordöstliche Richtung.

Woher man das weiß? Geologen haben auf der Alb an den Rändern des heutigen Donautales Flussschotter aus dem Bereich des Gotthard-Massivs gefunden, die von der Urdonau hierher transportiert worden sein mussten. Das bedeutet, dass die Urdonau bereits da war, bevor die Alb herausgehoben wurde. Mit der Heraushebung der Alb schnitt sich die Donau allmählich in den Kalk des Oberen Jura ein. Das grandiose Durchbruchstal der oberen Donau entstand.

Dies war jedoch nur möglich, indem sich der Fluss mindestens genauso »schnell« in die Alb einschnitt, wie diese sich heraushob. Da der harte Jurakalk der Erosionskraft der Donau größeren Widerstand entgegensetzte als ihr Hinterland, die heutige Baar, führte dies –

Der Fürstenberg von Süden. Im Hintergrund links der Ort Fürstenberg

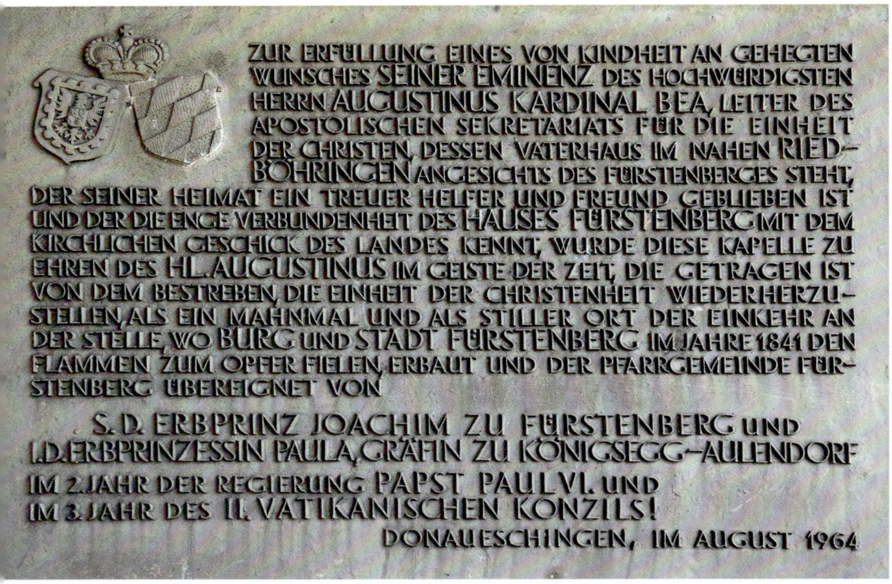

Oben: Gedächtniskapelle für Augustin Kardinal Bea auf dem Fürstenberg. Unten: Inschrift in der Augustinuskapelle

bedingt durch das geringe Gefälle – zu reduzierter Fließgeschwindigkeit und damit zur Bildung von Wiesenmäandern wie wir sie auf dem Bild sehen. In diesen Flussschlingen lagerte die Donau das mitgeführte Sediment ab und tut es auch heute noch. Dies führt immer wieder zu Veränderungen der Mäander, vor allem beim Hochwasser.

Mit dem Einschneiden der Donau in den sich hebenden Albkörper veränderte sich das Aussehen der Donautallandschaft. Hier war es nun das harte Kalkgestein, das die Donau zur Schlingenbildung veranlasste. Durch die vorherrschende Tiefenerosion schnitten sich diese Schlingen von Anfang an in den Kalk, so dass das entstehende Tal das Mäandrieren des Flusses nachzeichnete. Gegenüber den Wiesenmäandern – wo der Fluss auf der Talsohle hin und her pendelt – spricht man jetzt von Talmäandern.

Nach so viel Flussgeschichte blicken wir noch einmal vom Wartenberg hinüber zum Fürstenberg. Der Berg erhielt seinen Namen nicht von dem Fürstengeschlecht, der Fürstenberger, die heute im nahen Donaueschingen residieren. Nein, es war gerade umgekehrt. Der Name leitet sich von der Bezeichnung »fürderster Berg« als Fortsetzung des Höhenzugs Länge ab.

Wer die erste Burg auf dem »fürdersten Berg« erbaut hat, ist nicht überliefert. Auf jeden Fall gehörte sie ab 1175 den Herzögen von Zähringen. Graf Egino V. von Urach, Sohn der Agnes von Zähringen und des Grafen Egino IV. von Urach, erbte als Neffe des letzten Zähringerherzogs unter anderem dessen Güter auf der Baar, die nach seinem Tod neben der Herrschaft Urach an seinen Sohn Heinrich überging. Er war es vermutlich, der auf dem Bergplateau neben der Burg eine kleine befestigte Stadt zu seiner Residenz aufbauen ließ. Als 1265 seine Herrschaft Urach an Württemberg kam, nannte er sich fortan Graf von Fürstenberg. Er wurde so zum Stammvater der Fürstenberger, die jedoch erst im 18. Jahrhundert endgültig die Reichsfürstenwürde verliehen bekamen.

Im Jahr 1525 eroberten aufrührerische Bauern den Fürstenberg. Daraufhin verlegten die Grafen ihre Residenz nach Donaueschingen. Im Dreißigjährigen Krieg wurde die Burg zerstört und 1841 fiel die Stadt, deren Ummauerung zuvor bereits abgetragen worden war, einem Brand zum Opfer. Sie wurde am Fuß des Berges mit schachbrettförmigem Grundriss wieder aufgebaut. Heute ist Fürstenberg ein Stadtteil von Hüfingen. An der Stelle, wo Burg und Stadt Fürstenberg einmal standen, ließ das Haus Fürstenberg eine Gedächtniskapelle für den im nahen Riedböhringen geborenen Augustin Kardinal Bea (1881–1968) errichten.

Die Randenalb – das Ende der Schwäbischen Alb im Südwesten

Wir nähern uns allmählich dem Ende unseres Streifzugs entlang des Albtraufs und erreichen den südwestlichen Eckpfeiler der Schwäbischen Alb, die Randenalb. Sie umfasst in etwa den Bereich zwischen der Aitrach im Norden, dem Wutachtal im Westen, dem Hochrhein im Süden und Südosten und dem Merishauser Tal im Osten. Unterbrochen wird der Randen im Süden von der so genannten Klettgau-Rinne zwischen Neuhausen am Hochrhein und Neunkirch im Klettgau. Diese Talung ist eine eiszeitliche Schmelzwasserrinne des damaligen Rheins. Hier ist der Obere Jura ausgeräumt. Er setzt erst südlich davon wieder in der als »Kleiner Randen« bezeichneten Landschaft wieder ein. Er endet dann am Sporn des Küssabergs am Hochrhein. Der größte Teil der Randenalb liegt im Schweizer Kanton Schaffhausen.

Der Schleitheimer Randenturm ist eine kühne Stahlgitterkonstruktion.

Der Randen – alemannischer Albtrauf

Einen Überblick über den Randen verschafft man sich am besten von einem der vier Aussichtstürme, die alle auf Schweizer Gebiet am Trauf liegen. Der Schleitheimer Randenturm (Seite 153) steht auf dem Schlossranden (896 m). Der Verkehrsverein Schleitheim hat hier auf der Burgstelle der ehemaligen Randenburg 1907 diesen 20 Meter hohen Stahlgitterturm errichtet. Von seiner Aussichtsplattform über den Baumwipfeln hat man – wie bereits erwähnt – einen eindrucksvollen Überblick über die gesamte Randenalb und die angrenzenden Landschaften. Die im Sommer mit einer Patchworkdecke vergleichbare Struktur des überwiegend ackerbaulich genutzten hügeligen Vorlandes zwischen dem tief eingeschnittenen Wutachtal (links außerhalb des Bildes) und dem 200 Meter hohen Steilanstieg der Oberjura-Schichtstufe fällt sofort ins Auge.

Auffallend ist auch, dass die Berge des Randenplateaus häufig auch die Bezeichnung Randen in ihrem Namen führen: Lang Randen, Schlossranden und Hoher Randen. Dies hängt damit zusammen, dass man im Alemannischen den Albtrauf als »Randen«

Blick vom Schweizer Schlossranden nach Norden auf die Randenalb und ihr Vorland

bezeichnet. Da hier im Randen das Südwestdeutsche Schichtstufenland auf engstem Raum zusammengedrängt ist, konnten sich die Wutach und ihre Nebenflüsse durch die gesamten Schichten des Juras und Keupers bis hinunter in den Muschelkalk graben. Schleitheim beispielsweise verdankte seine Blütezeit im 18./19. Jahrhundert dem Abbau von Gips aus dem Muschelkalk, der hier ansteht.

Der Blick über den Randen nach Norden wird begrenzt (von links nach rechts) vom lang gestreckten Rücken des Buchbergs (880 m), dem Fürstenberg (918 m) und rechts der Länge (920 m) mit Sendeturm und Windkraftanlage. Hier geht die Baaralb in die Randenalb über.

Der »Kleine Randen« endet an der Küssaburg

Von einer Anhöhe oberhalb des Schweizer Dörfchens Gächlingen schweift der Blick über den Klettgau nach Süden zum lang gestreckten, waldbedeckten Sporn des Küssaberges (Seite 156). Dort in der Oberjura-Schichtstufe des »Kleinen Randen« findet unsere Schwäbische Alb ihren südwestlichen Endpunkt. Der sich davor ausbreitende Klettgau ist eine etwa sieben Kilometer breite Muschelkalk-Keuper-Liasplatte zwischen Randenalb und Schwarzwald. Aufgrund seines milden Klimas im Schutz zwischen zwei Gebirgen und der fruchtbaren Böden ist der Klettgau bis heute von intensivem Acker- und Weinbau (vor allem Blauburgunder) geprägt. Er gilt als eine der Kornkammern der Schweiz. Römische Siedlungsfunde und die zahlreichen -ingen-Orte weisen auf frühe Besiedlung dieses Durchgangslandes zwischen Hochrhein und Donau hin.

Die Küssaburg und die Harburg bilden – wie Ernst Waldemar Bauer es treffend ausdrückt – »die Eckpfeiler der Alb«. Während die Harburg unzerstört über dem Durchbruchstal der Wörnitz thront, liegen die Ruinen der einst so stolzen Küssaburg auf der westlichsten Kante des Küssabergs unweit des Hochrheins (Seite 157).

Blickt man von den Zinnen der Harburg über das Wörnitztal, so hat man den Fränkischen Jura als östliche Fortsetzung der Schwäbischen Alb vor sich. Von den Mauerresten der Küssaburg dagegen sieht man jenseits des Hochrheins den Schweizer Jura, das Pendant der Alb im Südwesten.

Beim Namen Küssaburg drängt sich einem zunächst die Frage nach der Namensgebung auf. Der Name lässt vermuten, dass er etwas mit Küssen zu tun hat, dem Ausdruck für Zärtlichkeit, Freundschaft und Zuneigung

Blick über den fruchtbaren Klettgau. Im Hintergrund der Küssaberg

unter uns Menschen. Doch die Geschichte der Burg lässt eine solche Deutung kaum zu. Etymologen haben herausgefunden, dass das Wort »Küssen« sprachlich früher auch für das heutige Wort »Kissen« stand. Danach müsste »Küssaberg« genau genommen für »Kissenberg« und »Küssaburg« als »Kissenburg« stehen. Diese Version wird auch vom alemannischen Dialekt im Klettgau gestützt, der heute noch ein Kissen als »Chüssi« bezeichnet. Auch sprachen frühere Generationen vom »Chüssiberg« und von der »Chüssiburg«. Vielleicht haben die Bewohner im Tal früher den langgestreckten Sporn des Küssaberges mit einem Kissen verglichen. Wir wissen es nicht und können darüber nur mutmaßen.

Die Küssaburg (Bild rechts) liegt auf dem weit nach Westen vorgeschobenen Oberjura-Bergsporn des Küssaberges in 634 Metern Höhe. Vom ehemaligen Palas hat man den besten Überblick über die Burgruine und das Umland. Hinter dem Gemäuer breitet sich das Hochrheingebiet aus, das Grenzland zwischen Deutschland und der Schweiz. Dahinter erkennt man den Aargauer Jura, dessen Oberjuragestein – wie man sehen kann – genauso wie bei uns auf der Alb in Steinbrüchen abgebaut wird. Der rechts hinter dem mächtigen Baum aufsteigende weiße Wasserdampf ist die Abwärme des Schweizer Kernkraftwerks bei Leibstadt direkt am linken Ufer des Hochrheins.

Die Entstehungsgeschichte der Küssaburg liegt im Dunkeln. Ob an der Stelle der Burg einmal ein römischer Wach- und Signalturm stand, der die Römerstraße über den Pass von Bechtersbohl unterhalb des Bergsporns sichern sollte, ist nicht belegt. Im Jahr 1150 tauchte der Name eines Heinricus de Cussachberc zum ersten Mal in einer Chronik auf. Ab 1177 führt er den Grafentitel. Um 1232 ließen die Grafen von Küssaberg die bis dahin bescheidene Burg ausbauen.

Als das Geschlecht der Küssaburger erlosch, ging die Burg samt der Herrschaft Küssaberg an das Hochstift Konstanz, also an den Konstanzer Bischof, über. Nach verschiedenen Verpfändungen kam die Burg Ende des 15. Jahrhunderts an die Grafen von Sulz. Die verloren 1499 die Burg im Schweizer Krieg an die Eidgenossen, die mit 500 Mann vor der Burg aufgezogen waren. Vor dieser Übermacht zogen es die 25 Mann der sulzischen Burgbesatzung vor, sich zu ergeben. Die Grafen von Sulz erhielten jedoch noch im selben Jahr im Frieden zu Basel ihre Burg von den Eidgenossen wieder zurück.

Ab 1525 bauten sie – aus Schaden klug geworden – die Küssaburg zu einer Landesfestung aus. Dabei entstanden an der dem Küssaberg zugewandten Ostseite starke Bastionen, die zum Teil bis heute erhalten geblieben sind. Im Dreißigjährigen Krieg erlebte die Festung dann ihr jähes und ruhmloses Ende als beim Herannahen schwedischer Truppen die Küssaburg von der eigenen Besatzung angezündet wurde, um sie nicht in schwedische Hände fallen zu lassen. Seit dieser Zeit ist sie Ruine. 1812 kam die Küssaburg an das Großherzogtum Baden und ist heute im Besitz des Landkreises Waldshut.

Mit dem Blick über die Ruinen der Küssaburg auf den Hochrhein, der die Schwäbische Alb vom Schweizer Jura trennt, endet unser landeskundlicher Streifzug entlang des Albtraufs. Die Verfasser hoffen, dass es ihnen gelungen ist, die Leserinnen und Leser für die Natur und Kultur des Albtraufs zwischen Ries und Randen zu begeistern und die Lust auf eigene Erkundungen dieser einzigartigen Landschaft geweckt zu haben.

Die Ruinen der Küssaburg am Hochrhein. Im Hintergrund der Schweizer Jura

Ortsregister

Bildnachweis

Reiner Enkelmann: *Umschlagvorderseite, vorderes Vorsatzpapier, S. 2/3, 8/9, 12, 15 links, 16, 19, 20 rechts, 21 oben links, 23, 24, 25, 26, 27, 28 rechts, 30, 31, 32, 33, 35, 36, 37 unten, 39 unten rechts, 40 unten (beide), 41 unten links, 43, 44, 45, 46, 49, 50, 52, 53, 54, 55, 56, 57, 58, 59, 60, 61, 62, 64, 65, 66, 70, 71, 72, 74, 75, 78, 80, 81, 85, 87, 88, 89, 90, 91 Mitte, 91 unten, 93, 94, 95, 97, 99, 101, 102, 103, 104, 105 unten, 106, 107, 108, 110, 111, 112, 114, 116/117, 118, 121, 122, 123, 124, 125, 126, 127, 128, 129, 130, 131, 132, 133, 134, 135, 138, 139, 140, 141, 142, 143, 144 unten rechts, 145 unten, 146, 147, 148/149, 150, 151, 152, 153, 154, 156, 157.*

Dieter Ruoff: *Umschlagvorderseite, S. 4, 15 rechts, 17, 18, 20 links, 21 oben rechts, 21 unten (beide), 22, 28 links, 29, 37 oben, 38, 39 oben, 39 unten links, 40/41 oben, 41 unten rechts, 77, 82, 83, 84, 86, 144 oben, 144 unten links, 145 oben.*

Silberburg-Verlag: *S. 10, 51, 68, 69, 73, 76, 98, 105 oben.*
Geopark Ries: *S. 13, 14.*
Holcim (Süddeutschland) GmbH: *S. 136/137.*
Matthias Frank: *S. 92.*
Naturschutzzentrum Schopflocher Alb: *S. 91 oben.*

Vom Zauber der Schwäbischen Alb

In Ihrer Buchhandlung

Ernst Waldemar Bauer

Zauber der Schwäbischen Alb

Der erfahrene Naturfilmer und Sachbuchautor lädt zu einem ganz persönlichen Ausflug durch Natur, Geschichte und Kultur der Schwäbischen Alb ein. Wir erfahren, was ein »Tropfsteinkalender« ist, wir bekommen eine Wanderung »von Hölle zu Hölle« angeboten und besuchen das merkwürdige Längental.

160 Seiten, 191 Farbabbildungen, fester Einband.
ISBN 978-3-87407-789-7

Günter Künkele

Naturerbe Truppenübungsplatz

Das Münsinger Hardt: Bilder einer einzigartigen Landschaft

Mit eindrucksvollen Fotos bietet dieser Band erstmals einen Einblick in das jahrzehntelang gesperrte Gebiet des ehemaligen Truppenübungsplatzes.

136 Seiten, 143 Farbaufnahmen, fester Einband.
ISBN 978-3-87407-713-2

Günter Künkele

Naturerbe Biosphärengebiet Schwäbische Alb

Streifzüge durch eine außergewöhnliche Landschaft

Mit atemberaubenden Aufnahmen und kenntnisreichen Beschreibungen von Fauna, Flora und geologischen Phänomenen veranschaulicht Künkele, warum die mittlere Schwäbische Alb mit dem Prädikat »UNESCO-Biosphärenreservat« geadelt wurde. Auswahltitel Deutscher Fotobuchpreis 2009.

176 Seiten, 205 Farbfotos, fester Einband.
ISBN 978-3-87407-790-3

Silberburg-Verlag

www.silberburg.de

ALPEN
Donau
HOCHSTRÄSS
BLAUBEURER ALB
ULMER ALB
NIEDERE ALB
Ulm
Ehingen
Erbach
Blaustein
Blau
Ruine Rusenschloss
Blaubeuren
Bächingen
Gundelfingen
Brenz
Sontheim
Niederstotzingen
Langenau
Bernstadt
Hermaringen
Vogelherdhöhle
Giengen
Burg Katzenstein
Dischingen
Herbrechtingen
Eselsburger Tal
Altheim (Alb)
Beimerstetten
Westerstetten
Heldenfingen
Gerstetten
Berghülen
Heroldstatt
Nattheim
Neresheim
Nördlingen
RIES
HEIDENHEIMER ALB
STUBERSHEIMER ALB
Lonsee
Merklingen
Nellingen
Laichingen
Laichinger Tiefenhöhle
Großkuchen
Heidenheim
Amstetten
Westerheim
Riesbürg
Elchingen
Steinheim
Drackenstein
Goldberg
Bopfingen
HÄRTSFELD
Donnstetten
Kirchheim am Ries
Ebnat
Königsbronn
ALBUCH
Aufhausen
Fils
Bad Überkingen
Deggingen
Böhmenkirch
Eybach
Geislingen a. d. Steige
HELFENSTEINER-LAND
Bad Ditzenbach
HOCHALB
Mühlhausen i. T.
Wiesensteig
Schopfloch
Schloss Baldern
Unterkochen
Oberkochen
Kuchen
Gruibingen
Neidlingen
Lauchheim
Jagst
Bartholomä
Westhausen
Aalen
Lauterstein-Weißenstein
Gingen
Bissingen u. T.
Rainau-Buch
Rosenstein
Donzdorf
Nenningen
GÖPPINGER ALB
Wasseralfingen
Essingen
Rems
Weilerstoffel
Stuifen
Süßen
Salach
Teck
Hüttlingen
Heubach
Rechberg
Eislingen
Boll
Kocher
Mögglingen
Waldstetten
Hohenstaufen
Oberlenningen
Unterlenningen
Weilheim u. T.
Ellwangen
Böbingen
Lein
STAUFERLAND
Aichelberg
Holzmaden
Owen
Abtsgmünd
Dettingen u. T.
Zell u. A.
Schwäb. Gmünd
Waschenbeuren
Göppingen
Kirchheim u. T.
Faurndau
Lorch
Fils
Wendlingen
A 7